Kaufmann | Reformation. 100 Seiten

✻ Reclam 100 Seiten ✻

Thomas Kaufmann

Reformation. 100 Seiten

Reclam

Umschlaggestaltung: ZERO Werbeagentur, München
Umschlagabbildung: FinePic®, München
Infografiken (S. 12 f., 49, 62 f.): Golden Section Graphics GmbH, Berlin
Bildnachweis: S. 19 © Wikimedia Commons / Sanzio;
S. 39 © Wikimedia Commons / Marie-Lan Nguyen (2012);
S. 59 © Wikimedia Commons / Sächsische Landesbibliothek – Staats- und Universitätsbibliothek Dresden; S. 74 © Wikimedia Commons / Anthony M.; S. 60 © Inka Grebner, Mainz
Gesamtherstellung: Reclam, Ditzingen. Printed in Germany 2016
RECLAM ist eine eingetragene Marke
der Philipp Reclam jun. GmbH & Co. KG, Stuttgart
ISBN 978-3-15-020430-6

Auch als E-Book erhältlich

www.reclam.de

Für mehr Informationen zur 100-Seiten-Reihe:
www.reclam.de/100Seiten

Inhalt

Der kleine Junge und die alte Burg

Die große Burg, die über dem endlosen Wald aufragt, faszinierte den kleinen Jungen. Kleine Jungen lieben Burgen. Hier sind sie Ritter; hier werden Heldengeschichten erträumt, durchlebt, ertrotzt. Auf Burgen sind die Jungen sicher, denn nicht nur die Erwachsenen, auch die dicken Mauern und die Kanonen schützen sie.

In der Erinnerung des kleinen Jungen von einst ist dieser Burgbesuch die früheste Begegnung mit alter, ferner Geschichte gewesen. Nicht jener Geschichte, die vor allem die alten Tanten und die Großeltern wiederholten und nicht loswurden – diese Opfergeschichten von Flucht und Vertreibung, vom Verlust der Jugend und der Unschuld, diese Tätergeschichten voller Wut und Selbstmitleid über das, was nicht getan worden war und was nicht ungeschehen gemacht werden konnte.

Die alte Burg war fern von alledem; entrückt in einem Traumwald, scheinbar weit weg vom wirklichen Deutschland, dem guten und dem bösen, dem geteilten Land der Opfer und der Täter – und doch mittendrin im fremden Teil Deutschlands, wo es so anders roch, so anders schmeckte, anders klang und doch vertraut. Die Sprache war die des Vaters, die der

Erfurter Oma, die so viel gelesen hatte, die meistens Bücher schenkte, die einen tollen Garten besaß, die so viel erzählte, so viel erlebt, auch erlitten hatte, die nie klagte. Die Oma war mit auf der Burg und ist im Erinnerungsbild noch immer da.

Durch einen Burgführer, den die Oma zu Weihnachten in den Westen schickte, weiß ich, dass dieser erste Besuch auf der Wartburg in den Juli 1967 fiel; damals war ich fünf. Mich faszinierten die Geschichten, die ich damals hörte: von dem geflohenen Mönch mit dem Bart, der sich Junker Jörg nannte; vom Teufel, der in die Nussschale fuhr, als schwarzer Hund erschien und aus dem hohen Fenster sprang; vom Wurf mit dem Tintenfass. Der Lutherheld im Märchendunkel, tapfer wie das Schneiderlein, lauter wie das Rotkäppchen; einer, der sich gegen die Übermächtigen zur Wehr zu setzen verstand, der sich nicht abbringen ließ von dem, was er für richtig hielt. Einer mit aufrechtem Gang – kann man brauchen in Deutschland.

Als ich zuletzt auf der Wartburg war – im September 2015 –, war wieder Märchenzeit, nur anders. Das Staatsoberhaupt unseres wiedervereinigten Landes bat den Historiker, ihm und elf seiner europäischen Kollegen zu erläutern, was die Reformation denn sei und was sie mit Europa zu tun habe. Der Burgschauder war wieder da, jetzt als Lampenfieber.

Auf der alten Burg habe ich den kleinen Jungen wiedergetroffen. In den Jahrzehnten, die uns trennen und verbinden, war ich immer wieder im 16. Jahrhundert unterwegs – dem Zeitalter, das man die »Reformation« nennt. Viele Details, die mich als kleinen Jungen noch nicht interessiert hätten, habe ich in dieser Zeit erforscht. Manches davon findet sich in diesem Buch wieder.

Reformation – einige Vorklärungen

Der Begriff »Reformation« stammt aus dem Lateinischen; *reformatio* bedeutet so viel wie »Umgestaltung«, »Verbesserung«, »Erneuerung«, auch: »Wiederherstellung«. Im Kern geht es also darum, den Zustand einer Sache in dem Sinne und dahingehend zu verändern, dass man Mängel, die man erkannt hat, beseitigt. Eine *reformatio* kann sich auf sehr unterschiedliche Dinge beziehen; entscheidend ist, dass es sich um etwas handelt, das bereits ›geformt‹ war, also eine bestimmte Gestalt, lateinisch: *forma*, aufwies, ehe es ›deformiert‹ wurde. Etwas Ungeformtes, Wildes – unberührte Natur, ungestaltete Materie – müsste ›formiert‹ werden, ehe man sie ›reformieren‹ könnte.

In der Vorsilbe »re-« deutet sich der rückwartsgewandte Charakter der *reformatio* an; in unserer Gegenwart ist dies erklärungsbedürftig, da sich beinahe jede Veränderung, etwa im Bereich der Sozialgesetzgebung oder der Bildungs- und Wissenschaftspolitik, als ›Reform‹ präsentiert, ohne dass jeweils ein Rückbezug zu einer älteren ›Urgestalt‹ gegeben wäre. Das hängt offenbar damit zusammen, dass alles, was nach ›Reform‹ klingt, bis heute im Ganzen eher positiv besetzt ist und eingängiger wirkt, als wenn man einfach von einer Gesetzesänderung spräche. Wer »Reform« oder »Reformation« sagt, scheint eine zukunftsfähige Veränderung anzustreben, also etwas zu tun, das der ›reformierten‹ Sache eine Perspektive verleiht.

Früher war es selbstverständlich, dass sich – entsprechend der Vorsilbe »re-« – eine *reformatio* darauf bezog und daran zu messen hatte, wie etwas ursprünglich gewesen war. Dem Begriff wohnte die Vorstellung inne, dass die ›bessere‹ und ›zukunftsgemäßere‹ Gestalt einer Sache immer die früheste gewesen sei. In dem sentimentalen Spruch mancher Senioren »Früher war vieles besser« schwingt noch eine ferne Erinnerung an diese Mentalität nach. Historisch gesehen ist sie erst seit der Epoche der Aufklärung, so um die Mitte des 18. Jahrhunderts herum, aus der Mode gekommen. Erst damals fing man nämlich in der Breite der Gesellschaft an, nicht mehr die vergangene Zeit vor allem des Altertums, also die Antike, für groß und maßstabsetzend zu halten, sondern sich selbst, der eigenen Gegenwart und der hier und heute gestalteten Zukunft mehr zuzutrauen als der Vergangenheit.

In der Geschichte des späten Mittelalters und der frühen Frühneuzeit, also im 15. und 16. Jahrhundert, war die Vorstellung noch selbstverständlich, dass die Alten es besser gemacht hätten, als man selbst es je könnte. Wenn man einen Mangel beseitigen und etwas optimieren wollte, konnte das also nur bedeuten, dass man sich daran orientierte, wie etwas früher einmal gewesen war. *Reformatio* hieß die Wiederherstellung eines als grundsätzlich besser oder gar ideal vorgestellten ursprünglichen Zustandes. Wer in diesem Sinne auf ›Reformation‹ drängte, hatte das Legitimitätsproblem, das mit Veränderungen in der Regel verbunden ist, immer schon gelöst. Wer alles lässt, wie es ist, muss sich in der Regel nicht rechtfertigen. Wenn man die ursprüngliche Gestalt einer Sache wieder zum

Leben erwecken will, braucht man das auch nicht aufwendig zu begründen. Ob und inwiefern freilich das, was ein ›Reformator‹ als die ursprüngliche und alte ›Form‹ ausgibt, tatsächlich alt und ursprünglich ist oder nicht doch eher dem entspricht, was er dafür hält, wird man im Einzelfall zu entscheiden haben.

Im 15. Jahrhundert nahm der Ruf nach einer umfassenden Reformation und das Ringen darum deutlich zu. Das hatte eine Reihe unterschiedlicher Gründe; einige davon hingen mit dem Zustand der Kirche zusammen. »Die Kirche«: das war nicht wie heute eine Institution, mit der man gelegentlich etwas zu tun hat – wenn man es denn will. Die Kirche ging alle an; sie war eine allgegenwärtige, lebensbestimmende Wirklichkeit, die die Menschen von der Taufe bis zum Tod begleitete und die das Zusammenleben stärker als jede andere Macht bestimmte. Sie stellte Bildung und Sozialfürsorge sicher; sie entschied über Heil oder Verdammnis. Jeder Mensch, der in Europa lebte, war selbstverständlich und ohne dass es einer eigenen Entscheidung bedurft hätte, Christ – es sei denn, er gehörte der winzigen Minderheit der Juden an, die seit alters am Rande der Gesellschaft der Christen befristet geduldet und allzeit gefährdet lebte.

Zu Beginn des 15. Jahrhunderts war die römische Kirche in einer schwerwiegenden Krise, denn sie war in die Anhängerschaft verschiedener Päpste gespalten. Für die römische Tradition war diese Krise gravierend, da sie auf den Papst in Rom als Oberhaupt und Stellvertreter Christi auf Erden konzentriert war. Ihre Autorität und Organisationsstruktur basierte darauf, dass es ein, nur ein sichtbares, irdisches Haupt, eben den Papst, gab. Auch das Kirchenrecht, das überall in der lateinischen, d. h. in der kulturell von der römischen Tradition geprägten Kirche galt, setzte den *einen* von Kardinälen gewählten und von Beratern umgebenen Papst an der Spitze voraus. In der Krise der gespaltenen Kirche und ihrer einander bekämpfenden Obödienzen, d. h. der Gefolgschaften der unterschiedlichen Päpste, entstand die Idee, durch eine große Kirchenversammlung, ein Konzil, zu einer Lösung zu gelangen. Diese Idee hatte mit *re-formatio* zu tun, denn große Konzile, die von Kaisern einberufen wurden, hatte es schon in der Antike, seit den Tagen Konstantins, des ersten christlichen Kaisers im frühen 4. Jahrhundert, gegeben. Zwischen 1414 und 1418 trat in Konstanz ein solches Konzil zusammen, auf dem die gesamte lateineuropäische Kirche durch Bischöfe oder theologische Lehrer vertreten war. Es übernahm die Aufgabe einer »Reformation der Kirche an Haupt und Gliedern«. Fortan stand das Thema Reformation oben an, denn das Konzil legte fest, dass es nun regelmäßig solche großen Kirchenversammlungen geben sollte. Ihre Aufgabe bestand darin, das Papsttum bei der Umsetzung von Reformmaßnahmen zu unterstützen bzw. es zu kontrollieren. Die Reformthemen waren etwa die seelsorgerliche Verantwortung für die Gläubigen, die Vergabe der kirchlichen Stellen, die einheitliche Gestaltung und Verwaltung der sieben Sakramente, die die römische Kirche kannte (Taufe, Beichte, Abendmahl, Priesterweihe, Ehe, Firmung, Letzte Ölung). Im weiteren Verlauf des 15. Jahrhunderts setzte das wiedererstarkende Papsttum aber viele Energien ein, um den Einfluss der Konzilien – den man unter dem Begriff des Konziliarismus zusammenfasst – zurückzudrängen.

Die Idee und der Ruf nach einer Reformation der Kirche blieb freilich präsent. Die Kritik an bestimmten Erscheinungen des Kirchenwesens war um 1500 allgegenwärtig. Warum sammelte die Kirche Geld für Kreuzzüge gegen das Osmanische Reich, das nach der Eroberung Konstantinopels im Jahr 1453 immer bedrohlicher auf Europa übergriff, wenn diese ohnehin niemals stattfanden? Warum investierten hohe Vertreter der Geistlichkeit, der Klerus, viel Geld in repräsentative Prachtbauten, anstatt die Armen zu versorgen? Warum lebten die Kleriker nicht tugendhafter und keuscher, wenn sie doch die Vorbilder der Gesellschaft zu sein beanspruchten? Fragen dieser Art führten allerdings nicht dazu, dass die Menschen an der Institution Kirche als solcher irregeworden wären. Im Gegenteil: Zu keiner Zeit wurde so viel für die Kirche gespendet, im Auftrag der Kirche gebaut, geistliches Personal beschäftigt wie in der Zeit um 1500. Man investierte viel an Hoffnungen in und an materiellen Gaben für die Kirche; man erwartete entsprechend viel von ihr und ihren Repräsentanten. Und man orientierte sich in seinem Bild von der Kirche gerne und auch immer intensiver daran, wie sie nach der heiligsten Urkunde der Christenheit, der Bibel, und nach den ältesten Traditionen der christlichen Antike gewesen war.

Der Ruf nach Reformation besaß im frühen 16. Jahrhundert eine ähnliche Qualität wie heute etwa der nach Umweltschutz oder der Appell zu Nachhaltigkeit; als verantwortungsbewusster Zeitgenosse kann man eigentlich nicht dagegen sein. Auch der junge Theologieprofessor Martin Luther in Wittenberg reihte sich in die lange Kette jener ein, die eine Reformation forderten. Allerdings setzte er weniger als die meisten anderen, die nach einer solchen riefen, bei Missständen als bei den diesen zugrundeliegenden religiösen Motiven an. Er formulierte sogar Sätze wie: »Die Kirche bedarf einer Reformation. Doch dies ist nicht die Sache eines einzelnen Papstes, auch nicht vieler Kardinäle … sondern des ganzen Erdkreises, ja im Grunde allein Gottes. Die Zeit dieser Reformation weiß allein der, der die Zeiten geschaffen hat.« Später, so gegen Ende des 16. Jahrhunderts, waren Anhänger Luthers der Überzeugung, dass die Veränderung der Kirche, auf die viele gewartet hatten, mit dem Wirken des Wittenberger Theologen eingetreten sei. Sie meinten auch, dass Gott in und durch Luther gehandelt habe. Deshalb wurde der Begriff der »Reformation«, der zunächst ganz allgemein allerlei Versuche der Verbesserung durch Wiederherstellung einer ursprünglichen Gestalt bezeichnet hatte, nun exklusiv auf dieses historische Phänomen der durch Luther und seine Anhänger herbeigeführten Veränderung der Kirche angewandt. Von seinem Ursprung her ist der historische Epochenbegriff »Reformation« also durchaus nicht wertneutral, sondern ›aufgeladen‹: er transportiert den Anspruch, dass Luther und die anderen ›Reformatoren‹ die ›ursprüngliche‹ und ›reine‹ Gestalt der Kirche und des Christentums wiederhergestellt hätten.

Im Lauf der Neuzeit, während des 18. und 19. Jahrhunderts, wurde es dann immer üblicher, das ganze Zeitalter als »Epoche der Reformation« zu bezeichnen. Der tief im protestantischen Christentum verwurzelte preußische Historiker Leopold von Ranke, der zwischen 1839 und 1847 eine einflussreich gewordene *Deutsche Geschichte im Zeitalter der Reformation* verfasst hat, gab diesem Zeitalter – anknüpfend an ältere Deutungstraditionen – einen bestimmten zeitlichen Rahmen, der lange Zeit in der Geschichtsschreibung gültig geblieben ist. Demnach begann die Reformation im Jahr 1517 mit Luthers Anschlag der 95 Thesen und endete mit der rechtlichen Anerkennung des evangelischen Bekenntnisses auf dem Augsburger Reichstag von 1555.

Die Geltung dieses Epochenkonzepts ist inzwischen aus verschiedenen Richtungen in Frage gestellt worden. Zum einen hat man betont, dass eine Reformationsepoche von 1517 bis 1555 außerhalb Deutschlands unplausibel sei, da insbesondere die rechtliche Lösung des Religionskonflikts nur für das Heilige Römische Reich deutscher Nation, nicht aber für die übrige europäische Staatenwelt gegolten habe. Sodann wurde darauf hingewiesen, dass ein Epocheneinschnitt im Jahr 1517 die Ereignisse im historischen Umkreis der Veröffentlichung der 95 *Thesen* stark über- und die sehr allmähliche Entwicklung des Bruchs zwischen Luther und der Papstkirche deutlich unterschätzt. Sodann wurde herausgestellt, dass ältere Reformtendenzen vor und neben Luther weiterliefen und die von Wittenberg ausgegangene Reformation keineswegs die einzige, sondern nur eine unter mehreren Reformation*en* gewesen sei. Wer so argumentiert, spricht gern von einem »Zeitalter der Reformation*en*«, das man dann zumeist um 1400 beginnen und um 1650, also nach dem Dreißigjährigen Krieg (1618–48), enden lässt. In der internationalen Diskussion erfreuen sich diese weitangelegten, aber auch recht unspezifischen historiographischen Konzeptionen von ›Reformation‹ einer gewissen Beliebtheit.

In Deutschland ist die Diskussion um eine ›Epoche‹ der Reformation eng mit der Erinnerungskultur der Reformationsjubiläen verbunden. Das hängt sicher auch damit zusammen, dass die erstmals 1617 im großen Stil begangenen, seit dem früheren 18. Jahrhundert in vielen evangelischen Ländern im Jahresrhythmus wiederholten Reformationsfeiern nicht nur kirchliche, sondern auch staatliche Feste und Feiertage waren – bis heute. Dadurch wurde dem Jubiläumsdatum des 31. Oktober, dem Tag des ›Thesenanschlags‹ Luthers, im Zuge der Erinnerungskultur eine Bedeutung zuerkannt, die seinen bescheidenen historischen Dimensionen nicht entsprach. Angesichts des Eigengewichts der Erinnerungskultur wird man sich aber der Aufgabe zu stellen haben, wie mit diesem Datum produktiv umzugehen sei. Die Geschichte der Reformation als eines spezifischen historischen Zusammenhangs mit Luther, Wittenberg und den 95 Thesen beginnen zu lassen, darf nicht bedeuten, die historische Welt, in der der streitbare Mönch lebte, auszublenden. Im Gegenteil: Das politische System des Heiligen Römischen Reichs, die Frömmigkeit der Zeit, die spezifischen Bedingungen in den einzelnen europäischen Ländern, die mit dem Buchdruck entstandene informationstechnologische Situation – all dies prägte und bestimmte Luther und seine Zeitgenossen und entschied über Erfolg und Verlauf der Reformation mit.

Lateineuropa um 1500

Unter »Lateineuropa« versteht man jenen Teil des heutigen Kontinents, der von der römischen Tradition bestimmt wurde, also West-, Nord-, Mittel- und Mittelosteuropa; seine Grenzen bildeten die von der Orthodoxie geprägten Länder und Landschaften – Griechenland, Serbien, Montenegro, Bulgarien, Rumänien, die Ukraine und Russland. Die Reformation war ein primär lateineuropäisches Ereignis; sie betraf die vom lateinischen Christentum geprägten Länder direkt oder indirekt und wirkte sich mittel- oder unmittelbar auch auf die außereuropäischen Gebiete, die unter deren Einfluss gerieten, aus. Mit dem 16. Jahrhundert trat das lateinische Christentum in die Phase seiner bis heute anhaltenden globalen Ausbreitung ein.

Lateineuropa war von einigen verbindenden religiösen und kulturellen Elementen bestimmt; dies war etwa der altrömische Grundsatz einer einheitlichen, das Gemeinwesen integrierenden Religion (Religion als *vinculum societatis*, als »Band der Gesellschaft«), die lateinische Sprache in der gottesdienstlichen Liturgie und in der gelehrten Kommunikation, das kanonische Kirchenrecht, die großen Orden und Verbände des abendländischen Mönchtums wie die Benediktiner und die

Das 15. und 16. Jahrhundert

PERSONEN UND EREIGNISSE DER REFORMATION

❶ *Martin Luther* · **1483–1546***

❷ Huldrych Zwingli · **1484–1531***

Andreas Bodenstein v. Karlstadt · **1486–1541***

Philipp Melanchthon · **1497–1560***

❸ *Johannes Calvin* · **1509–64***

1414–18 · Konstanzer Konzil (**1415** · Verbrennung von Jan Hus)

Luthers Eintritt ins Kloster · **1505**

Luther Professor in Wittenberg · **1512**

Päpstliche Ablassbulle zum Bau der Peterskirche in Rom · **1515**

Erste Druckausgabe des *Novum Instrumentum* · **1516**

Beginn der Verbreitung der 95 Thesen · **31.10.1517**

Leipziger Disputation Luthers und Karlstadts mit Johann Eck · **27.6. – 16.7.1519**

HERRSCHER UND WELTLICHE EREIGNISSE

1452–93 · *Kaiser Friedrich III. v. Habsbur*

Kurfürst Friedrich v. Sachsen · **1486–1525**

Kaiser Maximilian von Habsburg · **1493–1519**

Heinrich VIII. König v. England · **1509–47**

Papst Leo X. · **1513–21**

König Franz I. v. Frankreich · **1515–47**

Landgraf Philipp v. Hessen · **1518–67**

Kaiser Karl V. · **1519–56**

● **1453** · Die Osmanen erobern Konstantinopel

Fall Granadas; Entdeckung Amerikas · **1492** ●

Philipps der Schöne ⚭ Johanna von Kastilien · **1497** ●

Gründung der Universität Wittenberg · **1502** ●

* Lebenszeit;
alle übrigen: Amtszeit

1410 1430 1450 1470 1480 1490 1500 1510

15.6.1520 · Bannandrohungsbulle
10.12.1520 · Wittenberg: Bücherverbrennung
3.1.1521 · Bannbulle: Luther wird exkommuniziert
16.–26.4.1521 · Luther auf dem Reichstag in Worms
Mai 1521 – März 1522 · Luther auf der Wartburg
25.5.1521 · Wormser Edikt
1522 · Fastenbrechen in Zürich
1522/23 · Sickingensche Fehde
1523 · 1. und 2. Zürcher Disputation
1523 · Einführung der Reformation in Schweden
1.7.1523 · Erste reformatorische Märtyrer in Brüssel
1524/25 · Bauernkrieg
1526 · 1. Speyrer Reichstag
1529 · 2. Reichstag zu Speyer; Protestation der evangelischen Stände (»Protestanten«)
Oktober 1529 · Marburger Religionsgespräch
1530 · Augsburger Konfessionsreichstag; Gründung des Schmalkaldischen Bundes
1534 · Trennung der englischen Kirche von Rom
1534/35 · Täuferreich in Münster
1536 · Einführung der Reformation in Dänemark
1540/41 · Religionsgespräche zu Hagenau, Worms, Regensburg
1545–47 **1551/52** **1562/63** Konzil von Trient (drei Sitzungsperioden)
1547/48 · Schmalkaldischer Krieg; Interim
1550/51 · Belagerung Magdeburgs
15.8.1552 · Passauer Vertrag
25.9.1555 · Augsburger Religionsfriede
1559 · Paris: Erste Nationalsynode der reformierten Gemeinden Frankreichs
1577 · Luth. Konkordienformel
Edikt von Nantes · **1598**

1523–60 · *Gustav Wasa König v. Schweden*
1541–53 · *Herzog Moritz v. Sachsen (seit 1547 Kurfürst des HRR)*
Edward VI. König v. England · **1547–53**
einrich II. König v. Frankreich · **1547–59**
Maria Tudor Königin v. England · **1553–58**
Kaiser Ferdinand · **1556–64**
König Philipp II. v. Spanien · **1556–98**
1558–1603 · *Elisabeth Königin v. England*

1521 · Die Osmanen erobern Belgrad
29./30.8.1526 · Schlacht von Mohács
Sept./Okt. 1529 · Osmanische Belagerung Wiens scheitert
1535 · Eroberung von Tunis durch Karl V.

1520 **1530** **1540** **1550** **1560** **1570** **1580** **1590**

Zisterzienser, die Bettelorden der Dominikaner, Franziskaner oder Augustinereremiten. Auch die seit dem 12. Jahrhundert als Institutionen gelehrter Bildung entstandenen Universitäten und der durch sie geprägte methodische Argumentationsstil, die sogenannte Scholastik, markierten ein Spezifikum der lateineuropäischen Welt. Bestimmte Praktiken des religiösen Lebens wie die bewaffneten Wallfahrten ins Heilige Land – die Kreuzzüge –, das Bußsystem, das die Vergebung bestimmter Vergehen mit exakt tarifierten Kompensationen verband oder die strengen sexualethischen Keuschheitsstandards für Priester aller Weihestufen – der allgemeine Pflichtzölibat – waren Besonderheiten des lateinischen Christentums. Für den sogenannten Ablass galt dies gleichfalls; hierbei handelte es sich um den außerordentlichen Erlass zeitlicher Sündenstrafen, die eigentlich im Fegefeuer – dem postmortalen Reinigungsort – abzubüßen waren. Durch die Ablässe konnte man einen teilweisen ›Nachlass‹ dieser Sündenstrafen oder – ein exklusives Recht der Päpste mittels der sogenannten Plenarablässe – ihre vollständige Tilgung erreichen.

Im 15. Jahrhundert fühlte sich Lateineuropa in wachsendem Maße militärisch durch das Osmanische Großreich bedroht. Im Jahr 1453 erlag Konstantinopel, das ehrwürdige Zentrum des oströmischen Reiches, den türkischen Anstürmen. In den kommenden Jahrzehnten rückten türkische Heere immer weiter nach Europa vor; seit 1460 stand die Peloponnes unter osmanischer Verwaltung; 1461 fiel mit Trapezunt am Schwarzen Meer ein letzter christlicher Vorposten in türkische Hände; 1475 nahmen die Osmanen die genuesische Handelsniederlassung auf der Krim in Besitz; 1516/17 gelang die Eroberung Ägyptens und Syriens, 1521 erfolgte der Vorstoß nach Belgrad; im Herbst 1529 belagerten sie Wien. Die türkische

Expansion bildete ein wichtiges politisches Hintergrundmotiv der Reformationsgeschichte. Die gewaltsame Beendigung einer circa siebenhundertjährigen christlich-muslimischen Kopräsenz in Andalusien durch die Rückeroberung Granadas, die sogenannte Reconquista, im Jahr 1492 war eine der ›Antworten‹ des lateinischen Westens auf die Vorstöße der Türken. Denn die Herrscher der Iberischen Halbinsel, die ›katholischen Könige‹ Isabella von Kastilien und Ferdinand von Aragon, erstrebten eine Rechristianisierung. Repressionen gegen Juden und Muslime zielten darauf ab, die nationale und die christliche Identität in neuartiger Weise zu verschmelzen.

Die Dominanz der Osmanen im Mittelmeerraum behinderte den Orienthandel; wegen entsprechender Abgabenpflichten verteuerte dies die begehrten Waren. Die fieberhafte Suche nach einem Seeweg nach Indien war eine der Folgen des türkischen Imperialismus. Dass Bartolomeo Diaz 1487 erstmals das Kap der Guten Hoffnung, die Südspitze Afrikas, umsegelte, Christoph Kolumbus 1492 Amerika entdeckte und Vasco da Gama 1498 von Lissabon aus den tatsächlichen Seeweg nach Indien fand, waren indirekte Folgen der osmanischen Vormacht im Mittelmeer. Ob die Globalisierung Lateineuropas, die seit dem späten 15. Jahrhundert einsetzte, ohne die Türken eingetreten wäre, ist fraglich.

Auch in politischer Hinsicht war Lateineuropa durch Vielfalt bestimmt. Im Westen – in Spanien, Portugal, Frankreich, England – hatten sich dynastisch geprägte monarchische Herrschaftsformen herausgebildet, die mit Merkmalen staatlicher Verdichtung einhergingen: mit einheitlichen Verwaltungs- und Besteuerungssystemen, einer Machtkonzentration in der Hand der Könige, einer dieser entsprechenden Einbindung des Adels, mit weitgehenden Besetzungsrechten in Bezug auf höhere kirchliche Ämter und mit der Ausformung nationaler Kirchentümer und Katholizismen. In Mittel- und Mittelosteuropa – im Heiligen Römischen Reich deutscher Nation, in Polen-Litauen, Böhmen und Ungarn – war die höchste Herrscherwürde, das Königs- bzw. Kaisertum, an Wahlakte gebunden, die bestimmte Adelsgruppen durchführten. In Nordeuropa löste sich die seit dem späten 14. Jahrhundert unter dänischer Führung bestehende Kalmarer Union auf; das seine Unabhängigkeit erstrebende Schweden (mit Finnland) einerseits, Dänemark (mit Norwegen und Island) andererseits entwickelten sich zu erblichen Monarchien. Im Lauf des späten 15. und frühen 16. Jahrhunderts entstand durch die Heiratspolitik der seit 1452 die Kaiser stellenden Dynastie der Habsburger ein Länderkomplex, der neben den österreichischen und südwestdeutschen Erblanden Burgund und die Niederlande, das spanische Erbe unter Einschluss des außereuropäischen Kolonialbesitzes, Teile Nord- und Süditaliens (Mailand, Neapel, Sizilien), Böhmen und Ungarn umfasste.

Eine kulturelle Besonderheit, die Lateineuropa seit dem 15. Jahrhundert von der ostkirchlichen Orthodoxie einerseits, der islamischen Welt andererseits grundlegend zu unterscheiden begann, war kommunikationstechnologischer Natur: die Erfindung des Buchdrucks mit beweglichen Metalllettern durch den gelehrten Mainzer Handwerker Johannes Gutenberg. Um 1450 war es ihm und seinen Kooperationspartnern gelungen, ein Verfahren der mechanischen Reproduktion von Texten zu entwickeln. Texte in ihre kleinsten Einheiten, die 26 Buchstaben des lateinischen Alphabets, zu zerlegen und durch ein Gussverfahren einzelne Typen aus beständigem metallischen Material herzustellen – das war die geniale Idee, die es erlaubte, Schriftstücke in beliebig großen Mengen herzustellen. Als Bedruckmaterial kam neben dem teuren Pergament zusehends das günstigere Papier zur Anwendung; seit dem 14. Jahrhundert waren Papiermühlen im Reich entstanden. Mit den aus dem Weinbau bekannten Pressen erreichte man beim Druckvorgang eine gleichmäßige Kraftübertragung. Texte, die bisher von professionellen Schreibern in langwieriger Arbeit abgeschrieben werden mussten, konnten nun ungleich schneller und kostengünstiger verbreitet werden. Die enormen mittelbaren gesellschaftlichen und kulturellen Folgen des Buchdrucks begannen sich erst allmählich abzuzeichnen.

Nach den ersten typographischen Anfängen Gutenbergs um 1450 begann sich die neue Technologie rasch zu verbreiten; noch zu seinen Lebzeiten gab es Pressen in Bamberg, Straßburg, Köln, Subiaco östlich von Rom und in Venedig. Um 1500 existierten in Lateineuropa dann in 150 Städten etwa 1000 Druckereien. Zu diesem Zeitpunkt waren bereits ca. 30 000 unterschiedliche Titel produziert worden; die Gesamtzahl der gedruckten Bücher ging in die Millionen. Das erste von Gutenberg hergestellte Buch war die *B 42*, eine in 42 Zeilen gedruckte lateinische Bibel, eine sogenannte *Vulgata*. Gegenüber der neuen Vervielfältigungsmethode skeptische Stimmen gab es nur wenige; die führenden geistlichen und weltlichen Institutionen und Personen nutzten sie konsequent auch für ihre eigenen Zwecke.

Vielfach knappe, entsprechend zügig hergestellte und gut kalkulierbare sogenannte Akzidenz- oder Brotdrucke kirchlichen oder behördlichen Charakters, Mandate etwa, Predigten oder Ablassbriefe, auch Kalender, waren ein nicht unwichtiges Produktionssegment; es ernährte die Drucker und half vielfach, ambitioniertere und aufwendige Projekte zu finanzieren. Für die Bildungseinrichtungen der Zeit, vor allem die Lateinschulen und Universitäten, bedeutete die neue Technologie einen wichtigen Innovationsfaktor; nun konnten die Lernenden bestimmte Lehrbücher erwerben und stetig mit ihnen arbeiten. Für die Gelehrten ergaben sich neue und ungeahnte Möglichkeiten, ihre eigenen Ideen und Texte weit über den Wahrnehmungshorizont des Hörsaales und der Handschrift hinaus zu verbreiten und den Austausch innerhalb der europäischen Gelehrtenrepublik zu fördern.

Seit dem 15. Jahrhundert – italienisch: dem *Quattrocento* – entwickelte sich zunächst in den urbanen Zentren der Apenninenhalbinsel eine kulturelle Bewegung, die nach und nach europäische Dimensionen erlangte. Aufgrund ihrer allgemeinen Zielrichtung bezeichnete sie sich selbst als »Renaissance«, d. h. als Ära der Wiedergeburt der Antike; hinsichtlich ihres inhaltlichen Interesses bürgerte sich der Begriff des »Humanismus« ein, da ihr all diejenigen Künste und Wissenschaften besonders wichtig waren, in denen es um das ›Humanum‹, das Menschsein des Menschen, ging. Die Humanisten gewannen innerhalb und außerhalb der Universitäten, besonders an den Höfen und in den Rathäusern, zügig an Einfluss. Sie bemühten sich, von der Antike her die Künste und die Architektur zu befruchten; für ihre kulturelle und historische Verortung war entscheidend, dass sie die vom Christentum geprägte ›mittlere‹ oder ›Zwischenzeit‹ zwischen der Antike und der Gegenwart – die *media aetas* oder: das Mittelalter – als Verfallsepoche deuteten.

Die Humanisten trugen sehr viel dazu bei, dass sich die Kenntnis der kulturellen Überlieferung vor allem der Antike enorm verbreiterte. Rastlos durchsuchten sie vor allem klösterliche Bibliotheken und brachten vergessene oder völlig unbekannte Texte zum Vorschein. Der Rückgang auf die Quellen

Raffael: *Die Schule von Athen.* Wandgemälde in den Stanzen des Vatikan (1510/11).

diente den Humanisten auch als ein Mittel der Autoritätskritik insbesondere an der methodisch strengen und rhetorisch dürftigen scholastischen Schulliteratur. Nördlich der Alpen, vor allem in Deutschland und den Niederlanden, wurde eine Form des Humanismus bestimmend, die die Bibel und die Kirchenväter, also Quellen des christlichen Altertums, in den Vordergrund rückte. Zügig bedienten sich die Humanisten auch der Möglichkeiten des Buchdrucks; über weite geographische Distanzen hinweg ließen sie einander quer durch Europa an ihren textlichen Entdeckungen teilhaben. Häufig waren die Humanisten, die über dichte Korrespondentennetzwerke verfügten, früher über neue Entwicklungen auf politischem oder kulturellem Gebiet informiert als ihre Zeitgenossen. Auch die Mächtigen der Zeit konnten und wollten auf die Unterstützung der originellen und freien Geister nicht verzichten.

Im Unterschied zu Urteilen, die in der älteren, protestantisch geprägten Geschichtsschreibung zum späten Mittelalter als einer Zeit der Krise, der Finsternis, der päpstlichen Dekadenz und des religiösen Verfalls üblich waren, geht die Forschung seit etwa zwei Generationen davon aus, dass das Kirchenwesen um 1500 im Ganzen stabil und seine Heilsangebote weithin anerkannt waren. Angesichts vielfältiger Ängste und Bedrohungen durch Natur- und Hungerkatastrophen, Pestepidemien oder den türkischen ›Erbfeind‹ aus dem Osten, die eine Hochkonjunktur apokalyptischer Motive auch in der zeitgenössischen Kunst mit sich brachten, war die Kirche die weithin unangefochtene Instanz der Heilssicherung und -vergegenwärtigung. Viele Menschen wandten sich mit ihren Sorgen, Nöten und Bedürfnissen an das Gnadeninstitut Kirche; sie bedienten sich der Instrumente und Praktiken, die sie anzubieten hatte: der Sakramente und Wallfahrten, der Messstiftungen, die das unblutige Opfer Christi zugunsten bestimmter Stifter wiederholten, der Heiltumsschauen (besonderer religiöser Events, bei denen ablassträchtige Reliquien gezeigt wurden), der Bruderschaften (Korporationen aus Geistlichen und Laien, die zugunsten ihrer verstorbenen Mitglieder beteten und für das Totengedenken sorgten), auch der vielfältigen religiösen Lebensformen im Kloster oder in der Welt. All die genannten Institutionen und Praktiken boomten; niemals zuvor waren so viele Kirchengebäude errichtet worden wie zu Beginn des 16. Jahrhunderts. Die ständige Konkurrenz zwischen den diversen Akteuren auf dem religiösen Feld, die die schillernde Vielfalt des zeitgenössischen Kirchenwesens reprä-

Albrecht Dürer: *Die vier Racheengel und das reitende Heer.* Holzschnitt aus dem Apokalypse-Zyklus (1498).

sentierten, die Bischofs-, die Stadt- und die Gemeindekirchen, die Ordens- und die Wallfahrtskapellen usw., belebte das Geschäft. Dass ein innerer Zusammenhang zwischen dem individuellen religiösen Engagement – etwa durch die Menge der Gebete, die Höhe der Spenden, die Strapazen einer Wallfahrt – und dem Ausmaß der Heilseffekte, eine Korrespondenz von Leistung und Lohn also, bestand, war im Ganzen selbstverständlich.

Auch die Ablassangebote erfreuten sich großer Beliebtheit. In aufwendigen Kampagnen wurden Plenarablässe durch professionalisierte Kommissare und einen Tross an spezialisierten Mitarbeitern in unterschiedlichen europäischen Ländern nach einem einheitlichen Muster vertrieben: ein wichtiger Aspekt der Integration diverser geographischer und kultureller Randgebiete. Insbesondere die Türkenablässe, Ablässe, die der Finanzierung eines Türkenkreuzzuges dienen sollten, stießen allerdings seit dem frühen 16. Jahrhundert auf geringere Akzeptanz. Dies lag wohl vor allem daran, dass bereits seit Jahrzehnten folgenlos für den Türkenkreuzzug gesammelt worden war. Auch die immer verbreitetere Praxis der Päpste, die jeweiligen Ablässe ihrer Vorgänger bei Amtsantritt aufzuheben, um eigene zu vertreiben, trug zur Glaubwürdigkeitskrise des Ablasses bei. Auch Umsatzeinbußen, die sich beim Ablassvertrieb im frühen 16. Jahrhundert zeigten, deuten darauf hin, dass die Akzeptanz dieser kirchlichen Praxis gebrochen war. Luther knüpfte an eine sich verbreiternde skeptische Stimmung gegenüber dem Ablass an. Fragen wie die, warum der Papst, wenn er denn Seelen retten wolle, dies nur gegen Geld tue, liefen schon früher um; Luther griff sie auf.

Luther und die Anfänge der reformatorischen Bewegung

Die Geschichte der Reformation im engeren Sinne mit Luther beginnen zu lassen, ist nicht unumstritten. Denn auch vor ihm gab es ja ein Ringen um die ›Erneuerung der Kirche‹. Und sehr vieles dessen, was Luther tat und propagierte, hatten auch andere vor oder neben ihm vertreten. Luther schöpfte in vielfältiger Weise aus der reichen religiösen und theologischen Tradition der lateinischen Kirche; Autoren wie Bernhard von Clairvaux, Jean Gerson, Johannes Tauler oder der wichtigste lateinische Kirchenvater, Aurelius Augustinus, begleiteten seinen Denkweg von Anfang an. Gleichwohl sind diese frömmigkeits- und theologiegeschichtlichen Kontinuitätslinien, die Luthers tiefe Verwurzelung in der Tradition der lateinischen Christenheit zeigen, für das hier vertretene Verständnis von ›Reformation‹ nicht ausschlaggebend. Denn unter ›Reformation‹ werden heute weithin die konkreten Veränderungen des überkommenen Kirchenwesens in einzelnen Städten, Territorien und Ländern verstanden, in der Regel mittels der Einführung ›reformatorischer‹ Kirchenordnungen durch die jeweils zuständigen politischen Instanzen – städtische Magistrate, Landesherren oder Könige. Die ›Reformation‹ meint also die

Summe jener politisch-rechtlichen Prozesse in den Städten und Ländern Lateineuropas, die das überkommene Kirchenwesen aus seiner Einbindung in das institutionelle Gefüge der römischen Papstkirche herauslösten, die Geltung des kanonischen Rechts außer Kraft setzten und volkssprachliche gottesdienstliche Ordnungen einführten. Diese in summa »Reformation« genannten Prozesse begannen infolge der Auseinandersetzungen um Luthers Ablasskritik im Herbst 1517; drei Jahre später führten sie zu seiner und seiner Anhänger Exkommunikation aus der römischen Kirche.

Von Martin Luthers Anfängen her deutet nichts auf seine späteren Konflikte mit der Papstkirche voraus. Im Gegenteil: Nach allem, was man begründet über seine Frühzeit und Jugend sagen kann, wuchs er mit der größten Selbstverständlichkeit in das kirchlich gebundene Christentum seiner Zeit und dessen Frömmigkeitspraktiken hinein. Luthers Vater Hans Luder – das »th« fügte Martin in Anspielung auf das griechische Wort für Freiheit (*eleutheria*) am 31. Oktober 1517 in seinen Namen ein – scheint die Gehorsamspflicht der Kinder aufgrund des vierten Gebotes recht nachdrücklich gefordert zu haben. Seine Mutter Margarethe, geborene Lindemann, las religiöse Literatur und hielt die Kinder zum Beten an. Die Lebensführung war tiefgreifend religiös bestimmt; Arbeit, Ordnung, Gehorsam, Fleiß galten zugleich als elterliche und göttliche Gebote. Der wachsende Wohlstand der Familie war hart erarbeitet; Luthers Vater vollzog einen sozialen Aufstieg vom Häuer zum Hüttenpächter und Bergbauunternehmer und saß in späteren Jahren auch im Mansfelder Stadtrat. Dass der Erwerb schulischer Bildung den Charakter forme und das Fortkommen befördere, war Luthers Eltern auch von der Familie der Mutter, die einige Universitätsabsolventen aufwies, vertraut. Martins schulische Stationen Mansfeld, Magdeburg (1497) und Eisenach (1498–1501) lassen frühzeitig Ambitionen zu höherer, lateinisch-gelehrter Bildung erkennen.

Im Zentrum seines Grundstudiums in der philosophischen Fakultät der Universität Erfurt stand das Bekanntwerden mit den sieben »freien Künsten« (*artes liberales*), geteilt in das *Trivium* (Grammatik, Dialektik, Rhetorik) und das *Quadrivium* (Arithmetik, Musik, Geometrie und Astronomie). Man las, wie an allen anderen europäischen Universitäten auch, vor allem klassische Texte des Aristoteles in lateinischer Übersetzung. Die Studenten übten sich in Disputationen und stiegen durch regelmäßige Graduierungen zu Baccalaureen und Magistern auf. Luther schloss die Promotion zum Magister im Januar 1501 als Zweitbester seines Jahrgangs ab; unmittelbar danach begann er, wohl aufgrund eines elterlichen Wunsches, mit dem Jurastudium.

Während des Sommersemesters unternahm er einen überraschenden Heimatbesuch. Bei der Rückkehr hatte er ein einigermaßen genau datier- und lokalisierbares Erlebnis, das seinen weiteren Lebensweg verändern sollte: Am 2. Juli 1505 geriet er bei dem Dorf Stotternheim vor Erfurt in ein Gewitter und entkam einem Blitzschlag nur knapp. Rückblickenden Erinnerungen zufolge sprach er ein Gelübde: sollte er überleben, wolle er ein Mönch werden. Am 17. Juli 1505 trat er also als Novize in den regelstrengen, d. h. der sogenannten Observanz angehörenden Konvent der Erfurter Augustinereremiten, einen Bettelorden, ein. Dem Hinweis seiner Freunde, ein in Verzweiflung und Not abgegebenes Gelübde sei nicht bindend, auch der Warnung seines Vaters, möglicherweise sei ihm in dem Naturereignis nicht der allmächtige, zürnende Gott, sondern ein Gespenst begegnet, schenkte er keine Beachtung. Offenbar lag Luther an diesem Schritt in das Kloster; er wollte ihn tun und den ihm von den Eltern aufgedrängten Lebensentwurf erledigen.

Alles deutet darauf hin, dass Luther sich dem Ziel, ein Mönch zu werden und damit den ›sichereren Weg‹ zum Heil zu beschreiten, aus freien Stücken und mit Leidenschaft zuwandte. Die vielfältigen Motive, die diese Entscheidung vorbereitet hatten, liegen im Dunkeln. Deutlich aber ist, dass die allgemein verbreitete Überzeugung, ein klösterliches Leben in Armut, Keuschheit und Gehorsam sei ›heiliger‹ und vor Gott ›verdienstlicher‹ als ein Leben in der Welt, auch ihn bestimmte. Dass Luther in Rückblicken betonte, er habe ein ›guter‹, untadliger Mönch werden wollen, dürfte glaubhaft sein; seine Ordensoberen erkannten seine Bemühungen an; nach dem circa einjährigen Noviziat, in dem er sich die Ordens- und Lebensregeln der monastischen Existenz anzueignen hatte, legte er das lebenslang bindende Gelübde, die Profess, ab. Daraufhin bestimmte ihn der Prior des Erfurter Konvents zum Theologiestudium; nach der Priesterweihe (Frühjahr 1507) nahm er es auf.

Das Studium der Theologie fand zum Teil im Rahmen des Konvents statt; um der Graduierungen willen aber war die Verbindung mit der Universität unverzichtbar. Die Stufen zum Doktorat, die nacheinander zu absolvieren waren, verliefen über die Grade eines *baccalaureus biblicus* und *baccalaureus sententiarius*. Den ersten erwarb Luther im März 1509 an der neugegründeten Universität in Wittenberg, wo er zwischen Herbst 1508 und Herbst 1509 vertretungsweise die Ordensprofessur für Moralphilosophie versah. Hinsichtlich der sich anschließenden Qualifikationsstufe des *baccalaureus sententiarius*, der die Kommentierung des dogmatischen Hauptwerks der damaligen Theologie, der vier Bücher der Sentenzen des Petrus Lombardus, zugrunde lag, ist nur bekannt, dass Luther sie zwischen Frühjahr 1510 und Sommer 1511 wieder in Erfurt in Angriff nahm. Dann wechselte er, offenbar freiwillig und im Streit mit seinem Erfurter Konvent, zurück nach Wittenberg. Ob die Zwischengraduierung regulär zum Abschluss kam, ist unbekannt; im Oktober 1512 wurde Luther jedenfalls in Wittenberg zum theologischen Doktor promoviert und übernahm in der Nachfolge des Johannes von Staupitz die Theologieprofessur seines Ordens.

Luther hatte Staupitz, den Generalvikar der deutschen Reformkongregation der Augustinereremiten, wohl bereits in Erfurt kennen- und schätzengelernt. In der ersten Wittenberger Zeit dürfte er ihm nähergetreten sein; Luther hatte ein tiefes persönliches Vertrauensverhältnis zu dem stark an Augustin orientierten Gnadentheologen, der ihm in seinen Anfechtungen den barmherzigen Gott, der sich in Christus zeige, nahebrachte. In einer aufwühlenden ordenspolitischen Streitfrage, bei der Staupitz – unter anderem gegen den Widerstand des Erfurter Konvents – die sächsisch-thüringische Ordensprovinz mit der observanten Reformkongregation vereinigen wollte, trat Luther auf seine Seite. Sein definitiver Wechsel nach Wittenberg im Sommer 1511 kam einer Parteinahme für Staupitz gleich.

Zwischen Herbst 1511 und Frühjahr 1512 reiste Luther in dessen Auftrag zum Ordensgeneral der Augustinereremiten nach Rom, um Unterstützung für die Unionspläne zu erhalten, was aber wohl scheiterte. Während seines Aufenthalts in der Heiligen Stadt legte Luther das konventionelle Verhalten eines Pilgers zu den heiligen Stätten der Märtyrer an den Tag; er rutschte die Scala Sancta auf Knien hinauf, erwarb Ablass und zelebrierte die Messe über den Heiligengräbern. Papstkritische

Anschauungen, die er später aus den Erinnerungen an seinen Romaufenthalt ableitete, spiegelten nicht die Erfahrungen des Reisenden von 1511/12.

Zwischen 1515 und 1518 amtierte Luther als »Distriktvikar« seines Ordens und nahm die Aufsicht über elf Konvente wahr; in der thüringisch-sächsischen Region hatte er also eine verantwortungsvolle ordenspolitische Position inne. Unbeschadet bleibender Spannungen zu den Erfurtern, die ihn als »Abtrünnigen« sahen, hatte er sich innerhalb seines Ordens rasch eine Autoritäts- und Vertrauensposition erarbeitet.

Bei seiner akademischen Lehr- und der bereits 1513/14 im Auftrag des Wittenberger Rates einsetzenden Predigttätigkeit rückte Luther mit bemerkenswerter Einseitigkeit die Auslegung der Bibel ins Zentrum. Einige der Vorlesungen, die er seit 1513 hielt, haben sich erhalten. Sie zeigen einen gewissenhaften Exegeten, der sich auf dem jeweiligen zeitgenössischen Wissensstand um eine sprachlich-philologisch begründete Urteilsbildung bemühte. Hilfsmittel wie etwa Johannes Reuchlins hebräische Grammatik, den ›fünffältigen‹, verschiedene lateinische Versionen berücksichtigenden Psalmenkommentar des französischen Humanisten Faber Stapulensis oder das 1516 erschienene griechisch-lateinische Neue Testament des Erasmus von Rotterdam benutzte Luther mit Sorgfalt. Den Buchmarkt beobachtete er gründlich und beriet den kurfürstlichen Sekretär und Universitätsorganisator Georg Spalatin bei Anschaffungen für die Wittenberger Universitätsbibliothek. Auch ältere Auslegungen – außer der mittelalterlichen *Glossa ordinaria*, einem aus Kirchenvätern kompilierten Kommentarwerk, vor allem Nikolaus von Lyra und, wo immer möglich, die Kirchenväter – zog Luther regelmäßig heran. Ähnlich seinem Lehrer Staupitz war ihm an einer seelsorgerlich-pastoralen, die

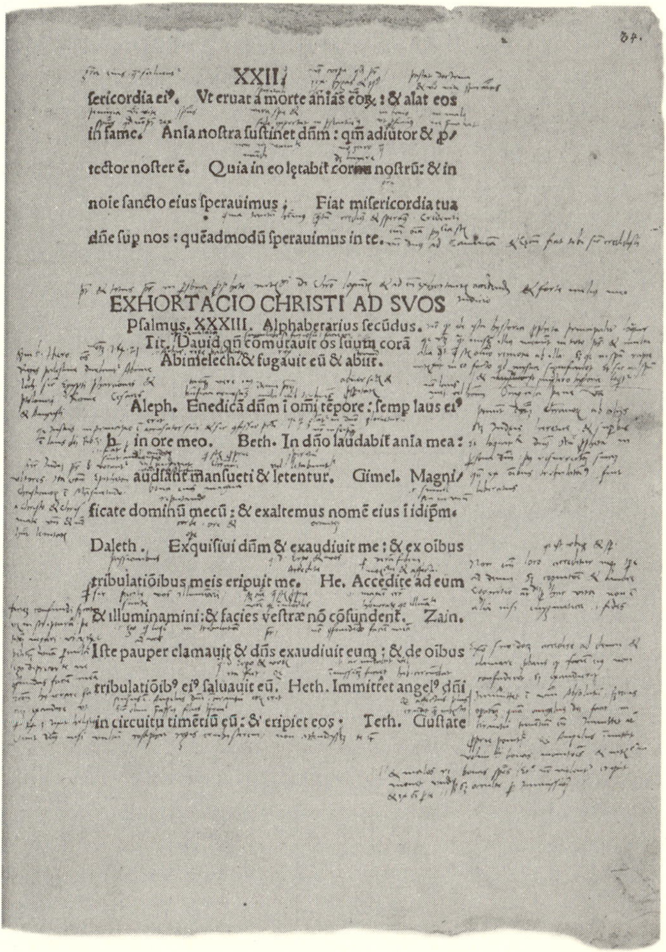
XXII
sericordia ei⁹. Vt eruat a morte aīas eo₄: & alat eos
in fame. Aīa nostra sustinet dn̄m: qm̄ adiutor & p-
tector noster ē. Quia in eo lętabit cor nostrū: & in
noīe sancto eius sperauimus. Fiat misericordia tua
dn̄e sup nos: quēadmodū sperauimus in te.

EXHORTACIO CHRISTI AD SVOS
Psalmus. XXXIII. Alphabetarius secūdus.
Tit. Dauid qn̄ comutauit os suum corā
Abimelech: & fugauit eū & abiit.
Aleph. Enedicā dn̄m i omi tēpore: semp laus ei⁹
in ore meo. Beth. In dn̄o laudabit aīa mea:
audiant mansueti & letentur. Gimel. Magni-
ficate dominū mecū: & exaltemus nomē eius i idipm.
Daleth. Exquisiui dn̄m & exaudiuit me: & ex oībus
tribulatiōibus meis eripuit me. He. Accedite ad eum
& illuminamini: & facies vestræ nō cōfundent. Zain.
Iste pauper clamauit & dn̄s exaudiuit eum: & de oībus
tribulatiōib⁹ ei⁹ saluauit eū. Heth. Immittet angel⁹ dn̄i
in circuitu timētiū eū: & eripiet eos. Teth. Gustate

Ein Blatt aus dem *Wolfenbütteler Psalter* mit Luthers eigenhändigen Vorlesungsnotizen.

religiöse Lebensführung inspirierenden Auslegungsweise gelegen. Die Frage, wie der sündige Mensch vor Gott bestehen könne, beschäftigte ihn unablässig. Seit seinem Eintritt ins Kloster las er die Bibel regelmäßig, mindestens zweimal im Jahr, von vorne bis hinten durch. Dass sie die einzige Norm und der maßgebliche Erkenntnisquell im Verhältnis zwischen Gott und Mensch zu sein habe, wurde ihm selbstverständlich. Aufgrund seines Interesses an Fragen, die das persönliche Heil betrafen, rückten die Schriften des Apostels Paulus und des Kirchenvaters Augustin ins Zentrum seiner Aufmerksamkeit.

In späteren Rückblicken vermittelte Luther den Eindruck, dass er zu einem bestimmten Zeitpunkt eine bekehrungsartige ›Wende‹ hin zu seinem reformatorischen Verständnis der »Gerechtigkeit Gottes« vollzogen habe. Möglicherweise muss man aber eher damit rechnen, dass ihm schrittweise und allmählich aufging, was er später in einem situativen Erkenntniserlebnis verdichtete. Die Sache, um die es ging, war, dass der Mensch die Gerechtigkeit, die vor Gott gilt, also durch die er von Gott als ›rechtschaffen‹ angesehen wird, nicht durch eigene fromme Anstrengungen, sondern nur passiv, geschenkweise, erwerben könne. Der Modus der Aneignung dieser allein von Gott geschenkten Gnade aber sei der Glaube. Diese ›Rechtfertigungslehre‹ fand Luther bei Paulus – insbesondere in Römerbrief 1,17; Augustins Schrift *Vom Geist und vom Buchstaben* (*De spiritu et litera*) las er als Bestätigung dieser Lehre. In seinen Vorlesungen, Disputationen und theologischen Diskussionen, die er im Herbst 1516 mit seinem Wittenberger Fakultätskollegen Andreas Rudolf Bodenstein, genannt Karlstadt, führte, trat diese rechtfertigungstheologische Position immer bestimmender ins Zentrum. Nach und nach überzeugte sich auch Karlstadt davon, dass Luthers Augustin-Interpretation im Recht sei; es

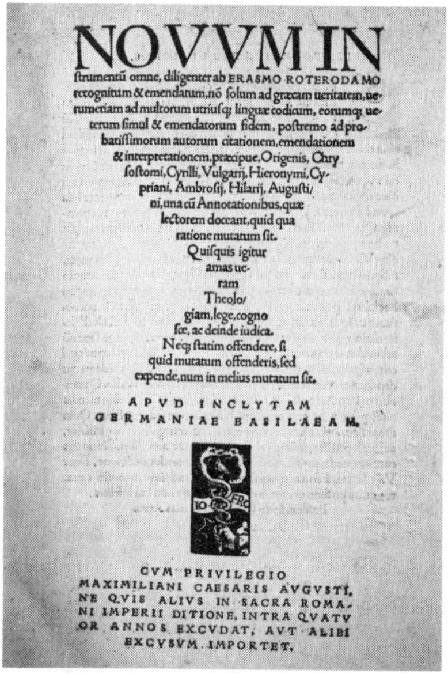
NOVVM IN
ſtrumentũ omne, diligenter ab ERASMO ROTERODAMO
recognitum & emendatum, nõ ſolum ad græcam ueritatem, ue-
rumetiam ad multorum utriuſq; linguæ codicum, eorumq; ue-
terum ſimul & emendatorum fidem, poſtremo ad pro-
batiſſimorum autorum citationem, emendationem
& interpretationem, præcipue, Origenis, Chry
ſoſtomi, Cyrilli, Vulgarij, Hieronymi, Cy-
priani, Ambroſij, Hilarij, Auguſti/
ni, una cũ Annotationibus, quæ
lectorem doceant, quid qua
ratione mutatum ſit.
Quiſquis igitur
amas ue-
ram
Theolo/
giam, lege, cogno
ſce, ac deinde iudica.
Neq; ſtatim offendere, ſi
quid mutatum offenderis, ſed
expende, num in melius mutatum ſit.

APVD INCLYTAM
GERMANIAE BASILÆAM.

CVM PRIVILEGIO
MAXIMILIANI CAESARIS AVGVSTI,
NE QVIS ALIVS IN SACRA ROMA-
NI IMPERII DITIONE, INTRA QVATV
OR ANNOS EXCVDAT, AVT ALIBI
EXCVSVM IMPORTET.

Titelblatt des *Novum Instrumentum* des Erasmus von 1516.

entstand ein enges und für einige Zeit bestehendes Vertrauensverhältnis zwischen beiden Kollegen, die von außen als Kern einer ›Wittenberger Schule‹ wahrgenommen wurden.

Die Konsequenzen ihrer radikalen Gnadentheologie traten im Lauf des Jahres 1517 zusehends deutlicher hervor: durch 151 *Thesen* Karlstadts aus dem Frühjahr, Luthers Disputation *Gegen die scholastische Theologie* aus dem September und die 95 *Thesen* vom 31. Oktober. Doch nur den 95 *Thesen* über die ›Kraft der Ablässe‹ war eine größere Wirkung beschieden. Sie lösten den sogenannten Ablassstreit und jenen römischen Prozess aus, der schließlich zu Luthers Exkommunikation führte. Den unmittelbaren Anlass für seine ablasskritischen

Thesen bildete eine Kampagne, die unter dem Namen des Erzbischofs Albrecht von Brandenburg zugunsten des Neubaus der St.-Peter-Kirche in Rom durchgeführt wurde. Sie war vom Papst privilegiert; man konnte gegen sozial gestaffelte Zahlungen einen Plenarablass erwerben; auch Ablässe für Verstorbene wurden angeboten. Der wichtigste Propagandist des Unternehmens war der Dominikaner Johannes Tetzel, ein erfahrener Ablassprediger. Der Ertrag der Kampagne sollte auch der Erstattung von Schulden dienen, die Erzbischof Albrecht bei dem Augsburger Bankhaus der Fugger gemacht hatte, um einen Dispens dafür zu erhalten, dass ihm der Papst – gegen das Kirchenrecht – zwei Erzstühle, diejenigen von Mainz und Magdeburg, übertragen hatte. Die angebotenen Ablässe schlossen auch Möglichkeiten der Vergebung für eine Reihe von Vergehen, die ansonsten als unvergebbar galten, sogenannte Reservatfälle, ein – etwa die Umwandlung von Gelübden in irgendwelche anderen frommen Werke. Die volle Sündenvergebung konnte einmal im Leben und noch ein zweites Mal im Falle von Todesgefahr gewährt werden. Ein Priester, an den man sich als Inhaber eines Ablassbriefes wandte, war verpflichtet, die Sündenvergebung zu gewähren, also die Absolution zu spenden. Aus einer unter dem Namen des Erzbischofs verbreiteten Instruktion ging hervor, dass die Ablassprediger die angebotenen Heilsgnaden besonders offensiv vertreiben sollten; die Gläubigen sollten den Eindruck gewinnen, dass ihnen ein einzigartiges Angebot gemacht werde, das sie nicht ausschlagen dürften. Innerhalb der sächsischen Territorien durfte der Ablass des brandenburgischen Konkurrenten nicht vertrieben werden; überdies wollte Kurfürst Friedrich von Sachsen, Luthers Landesherr, die reichen Ablassangebote, die an zwei Tagen im Jahr – an Misericordias Domini im Frühjahr und an Allerheiligen im Herbst – an der Wittenberger Schlosskirche erworben werden konnten, nicht entwertet sehen.

Nach späterer Erinnerung wurde Luther dadurch mit den Folgen der Tetzelschen Ablasspropaganda konfrontiert, dass Wittenberger Bürger, die im nahe gelegenen magdeburgischen Gebiet einen Ablassbrief erworben hatten, von ihm als Priester die Absolution verlangten, ohne die geringsten Anzeichen einer Bußgesinnung an den Tag zu legen. Auch wenn diese Geschichte erfunden sein mag – wofür der Umstand spricht, dass Luther normalerweise als Ordensmann und Theologieprofessor nicht in die reguläre pastorale Sakramentsverwaltung einschließlich der Buße involviert war –, so spiegelt sie doch, was Luthers tiefes religiöses Unbehagen und seine wachsende theologische Kritik am Ablass begründete, nämlich dessen zersetzende Wirkungen in Bezug auf die Buße. Luther ging es in seiner Theologie um die wahre innere Buße im Gewissen des Menschen; wer diese aufbringe und sie auf sein ganzes Leben beziehe – wie Christus es forderte –, brenne in Feindschaft gegen seine eigene Sünde und suche sehnlichst, sich mit Gottes Hilfe zu bessern. Ein System, das darauf basiere, die wahre Buße überflüssig zu machen, wie es der Ablass tat, konnte nicht, wie Luther glaubte, durch Furcht und Zittern in den Himmel, sondern nur in die Hölle führen. Neben den für ihn zentralen bußtheologischen Motiven nahm er noch andere Gesichtspunkte auf, die ihm aus dem Mund von Laien plausibel erschienen: Warum solle es weiterhin Totenmessen für die Verstorbenen geben, wenn sie doch durch den Ablass umgehend aus dem Fegefeuer befreit würden? Warum erführen die wahrhaften Büßer keine dem Ablass vergleichbare Heilszusicherung? Warum gewähre der Papst gegen Geld, was er doch auch ohne dieses schenken könne?

Die 95 *Thesen* enthielten das Potential eines fundamentalen Angriffs auf einen zentralen Aspekt der zeitgenössischen kirchlichen Praxis. Auch wenn Luther die möglichen Konsequenzen seiner Infragestellung des Ablasses erst allmählich klar erkannte, lassen die raschen Reaktionen, die das Dokument fand, keinen Zweifel daran, dass einige Zeitgenossen umgehend elektrisiert waren. Auch für den verantwortlichen Kirchenfürsten Albrecht von Brandenburg galt dies. Er hatte die 95 *Thesen* zusammen mit einem Mahnbrief Luthers erhalten, in dem dieser ihn aufforderte, den Ablassvertrieb umgehend einzustellen; seine Schäfchen wögen sich in einer fatalen Sicherheit und gefährdeten so das Heil ihrer Seele. Luthers Brief war auf den 31. Oktober 1517 datiert; als Unterschrift verwendete er erstmals den fortan maßgeblich bleibenden Namen »Lu*th*er«. Offenbar sah er diesen »Schritt aus dem Winkel« selbst als einen biographischen Wendepunkt an.

Ein Anschlag der Thesen, wenn er denn stattgefunden hat, wäre mitnichten ein spektakulärer Akt gewesen. Dass ein solcher Anschlag erst nach Luthers Tod überliefert ist, trägt wenig aus, denn diese Veröffentlichungsform war konventionell und in den Statuten vorgesehen. Erst die spätere Gedächtniskultur hat den Thesenanschlag zu einer pathetischen Kampf- und Bekenntnisszene stilisiert. Erzbischof Albrecht nahm Luthers Brief zum Anlass, seine Rechtgläubigkeit durch die Mainzer Theologische Fakultät überprüfen zu lassen und einen Ketzerprozess in Rom einzuleiten.

Ein Wittenberger Urdruck der 95 *Thesen* ist nicht bezeugt; dass es ihn gegeben hat, ist aber immerhin wahrscheinlich. Noch 1517 kamen Nachdrucke in Leipzig, Nürnberg und Basel heraus; auch eine deutsche Übersetzung soll erschienen sein, ist aber nicht erhalten. Luther nahm diesen publizistischen Er-

Eyn Sermon von dem Ablas vñ gnade durch den wirdigẽ doctorñ Martinũ Lutther Augustiner tzu Wittẽbergk gemacht.

Titelblatt des *Sermons von Ablass und Gnade* (Flugschrift, 1518).

folg mit Skepsis auf; ihm war klar, dass diese für ein akademisches Publikum bestimmten Thesen für Laien unverständlich sein mussten. Ein im Frühjahr 1518 erschienener *Sermon von Ablass und Gnade* zielte auf ein allgemeineres Publikum ab; mit ca. 24 Nachdrucken innerhalb etwa eines Jahres war dies Luthers literarischer Durchbruch.

Vom Beginn des Jahres 1518 bis zum Ende seines Lebens stand Luther nun in ständigen publizistischen Auseinandersetzungen. Seine ersten Gegner waren Johann Tetzel und der ihm sekundierende Theologieprofessor Konrad Wimpina in Frankfurt an der Oder; es folgten der Ingolstädter Johannes Eck und der römische Kurientheologe Sylvestro Mazzolini, genannt Prierias. In der ›altgläubigen‹ Kritik an Luther rückte sehr schnell die Frage nach der bindenden kirchlichen Autorität ins Zentrum. Man bezichtigte den Wittenberger einer besonderen Nähe zu dem in Konstanz verbrannten Prager Magister Jan Hus, der gleichfalls den Ablass kritisiert und die Autorität der Päpste in Frage gestellt hatte. Luthers Kritiker propagierten papalistische Kirchentheorien, d.h. Konzepte, die die unumschränkte Vollmacht des Papstes betonten. Alternative Vorstellungen, die in dem in sich pluralen römischen Katholizismus des späten Mittelalters ihren Ort gehabt hatten, verloren an Rückhalt. In der Herausforderung durch Luther begann die katholische Theologie rasch sich zugunsten der normativen Autorität des Papstes und der von ihm bejahten Traditionen zu verändern.

Der römische Prozess gegen den Wittenberger Theologen ging zunächst recht langsam voran. Das war vor allem politischen Rücksichten der Kurie gegenüber Luthers Landesherrn geschuldet. Man hoffte nämlich auf Kurfürst Friedrichs Unterstützung, um die Wahl des Habsburgers Karl von Spanien, des Enkels Kaiser Maximilians, als dessen Nachfolger zu verhindern. Verhandlungen, die Luther im Oktober 1518 mit dem Kardinallegaten Thomas de Vio, genannt Cajetan, am Rande des Augsburger Reichstags führte, brachten gewisse Verzögerungen, endeten allerdings nur mit der für den Wittenberger nicht akzeptablen Aufforderung zum Widerruf. Auch weiterhin versuchte die kursächsische Administration, die zusehends fester hinter Luther stand, das Verfahren gegen ihren inzwischen berühmtesten Professor im Reich zu halten.

Luther trat im Lauf des Jahres 1518 in eine nicht mehr endende Phase literarischer Produktivität ein. Er entwickelte genauere Kenntnisse des Druckprozesses, ersann Strategien, diesen zu beschleunigen, und Maßnahmen, um die Produktionsleistungen der zunächst einzigen Wittenberger Offizin, derjenigen Johannes Rhau Grunenbergs, zu steigern. Immer wieder musste er mit Erstdrucken nach Leipzig ausweichen, weil Grunenberg mit der Menge an Druckbogen, die vor allem Luther und Karlstadt füllten, überfordert war. Im Lauf der Jahre 1518/19 zeigte sich immer deutlicher, dass die typographische Infrastruktur Wittenbergs ausgebaut werden musste; seit der Jahreswende 1519/20 nahm eine Filiale des erfolgreichen Leipziger Druckers Melchior Lotter ihre Tätigkeit in Wittenberg auf. Fortan verfügten die Wittenberger – unter ihnen auch der Gräzist Philipp Melanchthon, der sich Luther rasch anschloss und nun in größerem Umfang auch griechische Quellenschriften publizieren konnte – über einigermaßen hinreichende Druckkapazitäten, um die literarischen Schlachten, die sie zu führen hatten, bestehen zu können.

Die Reformation war die erste ›Ketzerei‹ der Kirchengeschichte, die sich des Printmediums zu bedienen vermochte; gegen die vielfältigen Anfeindungen, die ihm widerfuhren, trat Luther von Anfang an die Flucht nach vorn an, indem er in die Öffentlichkeit des gedruckten Wortes drängte. Er reagierte jeweils ungemein zügig; durch die rasante Zustimmung, die er fand – sie konkretisierte sich darin, dass einige seiner Schriften mehr als zehnmal nachgedruckt wurden –, dominierte er den Buchmarkt wie niemals ein Autor zuvor. Da der Großteil seiner Schriften eher geringen Umfangs war, war das Nachdrucken für viele Druckereien lukrativ. Durch Zensurmaßnahmen war die Meinungsdominanz der reformatorischen Publizistik nicht zu bannen; sie folgte dem frühkapitalistischen Marktmechanismus von Angebot und Nachfrage.

Einige aufsehenerregende öffentliche Auseinandersetzungen förderten die Parteinahme für Luther erheblich. Im April 1518 fand im Rahmen eines Generalkapitels der Reformkongregation des Augustinereremitenordens in Heidelberg eine öffentliche Disputation über seine Theologie statt. Unter den Zuhörern befanden sich einige der späteren Reformatoren Südwestdeutschlands. Sie wurden durch Luthers souveräne Paulus- und Augustin-Interpretation für seine Sache gewonnen. Eine ähnliche Mobilisierungsfunktion kam der im Sommer 1519 während dreier Wochen durchgeführten Leipziger Disputation zu. Nach einem längeren publizistischen Vorspiel stießen hier der Ingolstädter Theologe Eck und seine Wittenberger Kollegen Karlstadt und Luther aufeinander; Ersterer disputierte mit Eck über Augustins Gnaden- und Willenslehre, Letzterer konzentrierte sich auf Fragen der Autorität in der Kirche und bestritt nun auch, dass Konzile sich nicht irren könnten. Nach der Leipziger Disputation, die Hunderte Zuhörer hatte und bald die Immatrikulationsziffern Wittenbergs in die Höhe trieb, arbeitete Eck mit Feuereifer an der Verurteilung der beiden Wittenberger und reiste nach Rom.

In dem guten Jahr zwischen der Leipziger Disputation und dem Eintreffen der Bannandrohungsbulle *Exsurge Domine* in Wittenberg Anfang Oktober 1520 vollbrachte Luther seine wohl wichtigsten literarischen und theologischen Lebensleistungen. Er publizierte 16 lateinische und 21 deutsche Schriften; sie sind in 243 Druckausgaben erschienen, 60 lateinischen und 183 deutschen. Neben ausführlichen Bibelkommentaren und kleineren Kampfschriften in der Gelehrtensprache standen vor allem deutsche Erbauungsschriften über elementare Aspekte einer christlichen Lebensführung und Sterbebegleitung, über die Sakramente, über ein evangeliumsgemäßes Finanzwesen und ein christliches Kirchenverständnis im Vordergrund. Die-

Lucas Cranach d. Ä.: Luther-Porträt (Kupferstich, 1520).

se erbaulichen Texte erreichten besonders hohe Nachdruckquoten, stießen also offenbar auf elementares Interesse.

Mit dem Traktat *An den christlichen Adel deutscher Nation* legte Luther im Sommer 1520 seine wichtigste Reformschrift im engeren Sinne vor. Jeder Christenmensch solle sich an je seinem Ort dazu aufgerufen fühlen, für die ›Besserung‹ – also ›Reformation‹! – der Christenheit einzutreten. Als Begründung für eine Berechtigung zum Engagement diente ihm die Lehre vom Allgemeinen Priestertum der Glaubenden und Getauften (1. Petrusbrief 2,9); jeder Christ sei von Gott her gleichberechtigt und dort, wo Gott ihn hingestellt habe, zur Rettung der Kirche verpflichtet. Neben dem Kaiser und dem Adel waren auch die städtischen Magistrate und der ›gemeine Mann‹ als mögliche Akteure im Visier. Von den Vertretern der Papstkirche oder dem nunmehr offen als ultimativen Feind Christi – den Antichristen – apostrophierten Papst hingegen erwartete Luther keinen substantiellen Reformbeitrag mehr; im Gegenteil. Die Schrift *De captivitate Babylonica ecclesiae praeludium* (*Vorspiel von der babylonischen Gefangenschaft der Kirche*), die bereits im Wissen um seine Exkommunikation verfasst worden war, vollzog den definitiven Bruch mit der römischen Sakramentskirche. Luther bestritt hier die Legitimität von fünf der sieben Sakramente; nur Taufe und Abendmahl blieben als solche übrig, da Christus sie eingesetzt und mit einem den Glauben weckenden und stabilisierenden Verheißungswort versehen habe. Der Tradition als normativer Instanz, die bestimmte Rituale in den Rang heiliger Handlungen erheben konnte, wurde im Namen des Schriftprinzips (»allein die Schrift«; *sola scriptura*) eine Absage erteilt. Einige Humanisten, die Luther bisher bewundert hatten, scheuten vor der Radikalität von *De captivitate Babylonica* zurück.

Die Bannandrohungsbulle inkriminierte Luthers Lehre anhand von 40 meist aus dem Zusammenhang gerissenen Sätzen; sie räumte ihm eine Widerruffrist von 60 Tagen nach Erhalt des Dokuments ein; wahrscheinlich war diese Frist am 10. Dezember 1520 abgelaufen. An diesem Tag verbrannte Luther die Bulle nebst dem kanonischen Recht und einigen älteren oder aktuellen Schriften einiger papstnaher Theologen vor dem Wittenberger Elstertor. Diese Zeichenhandlung, die in Anwesenheit eines Gremiums der Universität stattfand, ist als eine Art Rechtsakt zu verstehen: Als Repräsentant der Kirche

Hans Baldung Grien: Luther-Porträt (Holzschnitt, 1521).

Jesu Christi exkommunizierte Luther die vom Papst geleitete Kirche und zerstörte die Grundlagen ihrer Existenz symbolisch. Die Handlung war zugleich eine Antwort auf die Scheiterhaufen aus Lutherschriften, die nun landauf, landab unter Verkündigung des römischen Ketzerurteils gegen den Wittenberger und seine Anhänger entzündet wurden. Auch diese Praktiken zeigten, wie sehr die von Luther ausgehende Bewegung am gedruckten Wort hing.

Um die Jahreswende 1520/21 herum war die Unruhe im Lande groß. Wie würde sich der neugewählte, jugendliche

Kaiser Karl V., auf dem viele Hoffnungen ruhten, zur »Luthersache« verhalten? Im Frühjahr 1521 lud dieser zu seinem ersten Reichstag nach Worms. Dass Luther, der vom Papst definitiv verurteilte Ketzer (Bannbulle *Decet Romanum Pontificem*, 3. Januar 1521), auf dieser höchsten politischen Bühne des Reiches angehört wurde, war das Ergebnis kursächsischer Diplomatie und einer Rücksichtnahme des Kaisers auf deutsche Befindlichkeiten. Denn seit langem fühlte man sich hier von Rom betrogen und finanziell ausgesogen; seit Jahrzehnten verfassten die Reichstage entsprechende Beschwerdekataloge, die *Gravamina der deutschen Nation*. Die nationale Gesinnung im Reich verband sich mit der »Luthersache«; ein bloßer Handlanger, der päpstliche Urteile zu exekutieren hatte, wollte das Reich nicht mehr sein. So kam es zu der für einen rechtskräftig vom Papst verurteilten Ketzer ganz ungewöhnlichen Vorladung zum Reichstag.

Luthers Reise nach Worms, für die ihm der Wittenberger Rat eine Kutsche stellte, ging im Rampenlicht der Öffentlichkeit vonstatten. In vielen Städten wurde er begeistert begrüßt; mancherorts predigte er. Spätestens jetzt wurde ihm selbst klar, dass er eine ›Bewegung‹ ausgelöst hatte und zum Hoffnungsträger vielfältiger Reformanliegen geworden war. Fortan gab es neben dem realen Luther mit seinen Sorgen, Selbstzweifeln und Anfechtungen auch den Medienstar, den Helden, die charismatische Führungsfigur, auf die allerlei disparate Erwartungen projiziert wurden. Luther selbst sah in dem ›Erfolg‹ seiner Sache ein Wirken Gottes; er verstand sich als ›Prophet‹, d. h. als Schriftausleger, dem aufgetragen war, das Evangelium Gottes zu verkündigen. In dem Platzregen des Wortes, der jetzt über das Land rauschte, sah Luther einen letztmaligen Gnadenakt Gottes vor dem nahe bevorstehenden Jüngsten Tag.

Luther vor Kaiser und Reich. Titelblatt einer Flugschrift von 1521.

Der Auftritt vor Kaiser und Reich am 17. und 18. April 1521 war die sicher spektakulärste Szene in Luthers Leben. Schon bald wurde sie von seinen Anhängern zum Inbegriff heldischen Bekennermutes und unerschütterlicher Standhaftigkeit stilisiert. Die berühmten Worte »Hier stehe ich, ich kann nicht anders, Gott helfe mir, Amen«, die Luther so nicht gesprochen hat, hefteten sich schon früh an die volkssprachliche Drucküberlieferung, die über Worms berichtete. Luther selbst beurteilte die Worms-Szene in frühen Briefzeugnissen überaus nüchtern. Er sei mit einer Reihe von Schriften, die auf einem Tisch ausgebreitet waren, konfrontiert und gefragt worden, ob sie von ihm stammten und ob er sie widerrufen wolle. Da Luther mit einer inhaltlichen Auseinandersetzung über seine Lehre gerechnet hatte, war er verblüfft und erbat sich einen Tag

Bedenkzeit. Am zweiten Tag hatte er eine kleine lateinische Rede vorbereitet; nun unterschied er zwischen unterschiedlichen Typen seiner Schriften. Die Erbauungsschriften seien über jeden Zweifel erhaben; auch wenn er in seinen Pamphleten gelegentlich scharf gegen den Papst und seine Verteidiger polemisiert habe, könne er in sachlicher Hinsicht nichts zurücknehmen. Die Verweigerung des Widerrufs begründete er mit seinem an die Schrift gebundenen Gewissen. Die Szene hatte mythenbildendes Potential. Der heldenhafte, martyriumsbereite, unwiderlegt verurteilte Bekenner Luther hatte die einzige weltgeschichtliche Szene seines Lebens bestanden.

Auf reichspolitischer Ebene war die »Luthersache« eigentlich erledigt, denn am Ende des Reichstages veröffentlichte der Kaiser ein Mandat, das sogenannte *Wormser Edikt*, das fortan die Grundlage seines Handelns bilden sollte: Luther war als Ketzer ›vogelfrei‹, d. h. zur standrechtlichen Hinrichtung verurteilt; dasselbe galt für alle, die sich seiner Lehre anschlossen und seine oder seiner Anhänger Schriften besaßen oder verbreiteten. Dass mit diesem Rechtstext nicht alles vorüber war, verdankte sich den politischen Strukturen des Reiches. Der Kaiser verfügte hier über keine Exekutivgewalt; es wäre an den Landesfürsten gewesen, das Wormser Edikt umzusetzen. Doch das taten nur einige, andere blieben unentschieden oder unterstützten die sich nun formierende reformatorische Bewegung.

Luther selbst schwebte in Lebensgefahr. Kurfürst Friedrich von Sachsen ließ ihn heimlich auf die Wartburg oberhalb von Eisenach bringen; die Aktion war als Überfall getarnt worden, so dass die Öffentlichkeit eine Zeitlang von einem Gewaltverbrechen ausging. Erst als sich Luther wieder publizistisch zu Wort meldete, wurde klar, dass seine Sache weiterging, ja ganz Europa erfassen sollte.

Die Reformation im Reich und in Europa

Bereits ein Jahr nach Luthers Veröffentlichung der 95 *Thesen*, im Oktober 1518, erschien bei dem Basler Drucker Johannes Froben die erste Sammelausgabe der wichtigsten bis dahin erschienenen Schriften des Wittenberger Theologen – nebst je einer Schrift seines Kollegen Karlstadt und seines römischen Gegners Prierias. Froben und sein Kreis, Basler Humanisten und Vertraute des Erasmus, zielten mit diesem Buch auf die internationale Öffentlichkeit. Im Februar 1519 teilte er Luther mit, dass Exemplare in hoher Stückzahl nach Italien, England, Spanien und Frankreich verkauft worden seien – der bisher erfolgreichste Titel seiner Druckerkarriere. Noch vor dem Ende des römischen Prozesses also waren Luther und sein Wittenberger Kollege Karlstadt ins Visier der europäischen Gelehrtenrepublik geraten; vielfach wurden ihre Anliegen mit Zustimmung registriert und weiterverbreitet. In den Niederlanden, vor allem in Leiden und Antwerpen, auch in Frankreich, erschienen erste Nachdrucke Lutherscher Schriften und Wittenberger Thesen.

Neben dem europäischen Kommunikationsnetz der Humanisten, das sensibel auf Luther reagierte, seine Schriften weiterreichte und nachdrucken ließ, waren es zunächst und vor allem die Glieder seines Ordens, unter denen er breite Zustimmung fand. Die radikale Gnadentheologie Augustins, die ja ein entscheidendes Fundament von Luthers Lehre bildete, erfreute sich unter den Augustinereremiten eines besonderen Rückhaltes; außerdem wollten sie sich mit dem von den konkurrierenden Dominikanern attackierten Ordensbruder Martinus solidarisch zeigen. Auch hinter den frühen niederländischen Lutherdrucken steckten Augustinereremiten; die ersten Blutzeugen der Reformation, Hendrik Voes und Jan von Essen, die am 1. Juli 1523 in Brüssel den Feuertod fanden, entstammten gleichfalls Luthers Orden. Ihr Martyrium hatte eine breite literarische Resonanz und stand am Anfang der bald florierenden Gattung der Märtyrerbücher, die in unterschiedlichen Nationalsprachen zu Bestsellern avancierten. Luthers erstes Gemeindelied war ihrem Gedenken gewidmet.

Neben den Ordensbrüdern kam auch den Studenten eine nicht unerhebliche Bedeutung bei der Ausbreitung reformatorischer Inhalte zu. Denn sie waren eine mobile Personengruppe; seit 1518/19 zog Wittenberg Studenten aus unterschiedlichen europäischen Ländern an. Auch sie werden also dazu beigetragen haben, dass Texte von Ort zu Ort wanderten, nachgedruckt wurden und in geographische Räume vorstießen, in die andere reformatorische Akteure noch nicht gelangt waren. Erste reformatorische Spuren in Böhmen, Ungarn, England, Frankreich und Spanien haften an den mobilen akademischen Milieus. Bisweilen haben auch Kaufleute reformatorisches Schrifttum etwa im Handelsnetz der Hanse verbreitet; der z. T. recht hohe Anteil deutscher Stadtbewohner in Städten des Ostseeraums, aber auch anderswo, bildete einen fruchtbaren Nährboden für dessen Lektüre. Die reformatorischen Entwicklungen außerhalb des deutschsprachigen Gebietes schritten zunächst kleinräumig voran; dabei spielten literarisch vermittelte Kommunikationsprozesse eine entscheidende Rolle.

Im Heiligen Römischen Reich, wie überall in Europa, waren die Städte die verdichtetsten Zonen der zeitgenössischen Ökonomie, Kultur und Kommunikation. In ihnen manifestierte sich auch die Frömmigkeit am intensivsten. Nirgendwo sonst fanden sich so viele Kirchen, Klöster, gestiftete religiöse Bildwerke und ›geistliche Personen‹ – Priester, Mönche und Nonnen – wie hier. Manche Kirchen beherbergten Dutzende von Altären und ganze Legionen zum Teil erbärmlich bepfründeter Altaristen, die den Leib Christi zugunsten einzelner Stifter darbrachten; der Ablassvertrieb wies in den Städten eine besondere Dichte auf. Dass auch die von Luther ausgehenden Schriften zunächst in den Städten Beachtung fanden, verwundert vor diesem Hintergrund nicht.

Vielerorts stand die Lektüre Lutherscher Texte am Anfang der reformatorischen Entwicklungen. In größeren Städten, die über Druckereien verfügten, wurden sie zügig und regelmäßig nachgedruckt. Leipzig, Nürnberg, Straßburg, Augsburg, Basel, Zürich, Erfurt, auch Speyer, Mainz und Worms spielten als reformatorische Druckzentren bald eine wichtige Rolle. Während man die Überlegungen eines Verlages, die zu einem Nachdruck führen, heute von außen oft nicht durchschauen kann, wird man in diesem Fall selbstverständlich voraussetzen können, dass Akteure in die Entscheidungsprozesse involviert waren, denen aus inhaltlichen Gründen an einer Verbreitung von Luthers Gedanken gelegen war. In manchen Fällen waren es die ortsansässigen Geistlichen. Bekannt wurden die volkssprachlichen reformatorischen Schriften weit über den Kreis derer, die selbst lesen konnten, hinaus. Gelegentlich finden sich auf reformatorischen Flugschriften, also ungebunden vertriebenen, relativ preiswerten Quartdrucken geringen Umfangs und agitatorisch-propagandistischen Gehalts, Hinweise wie: »wer dies liest oder hört lesen ...«. Man kann davon ausgehen, dass in der Regel laut gelesen wurde und dass Flugschriften auch an öffentlichen Orten, in Gasthäusern, auf Marktplätzen oder in Kirchen, vernehmbar waren. Angesichts von Alphabetisierungsquoten von 30 bis 50 % der Stadtbevölkerung ist evident, dass reformatorische Inhalte auch diejenigen erreichten, die weder lesen konnten noch eigene Bücher besaßen.

Von Gedrucktem abgesehen wurden reformatorische Ideen in manchen Städten recht frühzeitig mittels der Predigt verbreitet. Einzelne Priester, Mönche oder Gemeindepastoren nahmen Anregungen Luthers auf und begannen, bestimmte Erscheinungen des zeitgenössischen Kirchenwesens zu kritisieren. Der Kampf gegen die Leistungsfrömmigkeit, gegen das Gerechtwerden aufgrund bestimmter Verdienste, entfaltete rasch eine elektrisierende Wirkung. Auch die Konsequenzen, die sich daraus ergaben, lagen nahe: Warum sollte man Gelübde und Speisevorschriften einhalten, Wallfahrten begehen, Ablässe oder Sakramente erwerben und heilige Fürsprecher anbeten, die zu nichts nutze waren, ja den in der Bibel enthaltenen Frömmigkeitsmustern widersprachen? Dass die reformatorische Konzentration auf die Schrift allein (*sola scriptura*), die Gnade allein (*sola gratia*), den Glauben allein (*sola fide*), Christus allein (*solus Christus*) viele große und kleine Verweigerungen gegenüber dem traditionellen Kirchentum zur Folge hatte, zeigte sich in einigen städtischen Reformationsprozessen umgehend. Entsprechende Aktionen gegen den bestehenden Kult waren unvermeidlich.

Seit dem Sommer 1519, bald nach der Leipziger Disputation,

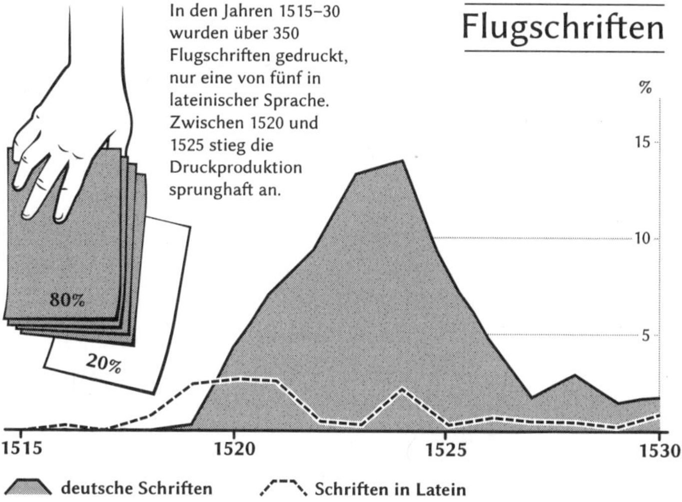

traten einzelne anonyme Verfasser von Flugschriften und Anhänger aus dem Laienstand auf, die Luther und seine Anliegen literarisch verteidigten. Im Lauf der kommenden Jahre wurde daraus eine immer breitere Bewegung. Die reformatorische Publizistik erreichte um 1523/24 ihren quantitativen Höhepunkt. In diesen beiden Jahren kamen jeweils etwa 2000 verschiedene Druckschriften heraus, die sich zu der von dem Wittenberger ›Ketzer‹ ausgehenden Lehre bekannten. Verteidiger der alten Kirche hingegen hatten es schwer; es gab kaum noch Druckereien, die ihre Schriften drucken, und kaum Abnehmer, die sie lesen wollten. Unter den Autoren zugunsten der reformatorischen Entwicklung trat auch eine Reihe an Laien hervor, die unter Berufung auf das Allgemeine Priestertum öffentlich das Wort nahmen und dafür eintraten, dass die Lehre des Evangeliums gepredigt wurde und Menschen, die sich dafür einsetzten, nicht mehr unterdrückt wurden. Ungelehrte Laien, auch Frauen, engagierten sich in dieser Weise als reformatorische Flugschriftenautoren. Infolge des Bauernkriegs (1524/25) aber verstummten viele dieser Schriftsteller wieder.

Die Reformation war für viele Städte attraktiv, denn sie eröffnete die Möglichkeit, das Kirchenwesen unter die eigene Kontrolle zu bringen. Unter den Bedingungen der Reformation konnten also Bemühungen um den Aufbau eines städtischen Kirchenregiments vorangetrieben und vollendet werden, die tief im späten Mittelalter wurzelten. Für die Reformationsprozesse in den Städten wurde charakteristisch, dass bestimmte religiöse Inhalte und Forderungen – etwa die nach einer freien Predigt des Evangeliums in der Volkssprache, der einsetzungsgemäßen Abendmahlskommunion unter beiderlei Gestalt, der Abschaffung bestimmter Praktiken des überkommenen Kirchenwesens – immer deutlicher in den öffentlichen Raum drängten.

Einzelne Prediger propagierten die kirchlichen Erneuerungen; aus Zusammenkünften größerer Gruppen bildeten sich je und je Aktionsgemeinschaften, die die Symbole des bestehenden Kirchenwesens – Priester und Mönche, Kirchenausstattungen, Wallfahrten, Speisegebote – offen attackierten und mit provokativen Gegenmaßnahmen konfrontierten. In Wittenberg wurden Priester von Studenten an der Messfeier gehindert und Mönche mit Steinen beworfen; in Zürich, wo unter der Führung des Leutpriesters Ulrich Zwingli seit Jahresbeginn 1519 biblisch und kirchenkritisch gepredigt wurde, kam es im Frühjahr 1522 zu demonstrativen Fastenbrüchen. Ausgehend von Wittenberg, wo im Januar 1522 unter der Autorität des Rates wohl auf Anraten Karlstadts in einer ersten reformatorischen Kirchenordnung – Luther sollte sie nach seiner Rückkehr von der Wartburg von Grund auf in Frage stellen – die Entfernung von Bildern aus dem Kirchenraum beschlossen wurde, wurden an einigen Orten Kirchen ausgeräumt und Bilder abgehängt, ja gelegentlich sogar spontan zerstört.

In verschiedenen Städten – etwa Nürnberg – waren die ersten reformatorischen Maßnahmen sozialpolitischer Art: Man verbot das Betteln, denn das Spenden galt nicht mehr als ›gutes Werk‹. Stattdessen organisierte man eine kommunale Armenversorgung, die einheimische Anspruchsberechtigte von stadtfremden Armen unterschied. An manchen Orten kam es – abermals anknüpfend an Wittenberg, wo zu Weihnachten 1521 unter Karlstadts Ägide das erste Gemeindeabendmahl unter beiderlei Gestalt gefeiert worden war – dazu, dass reformatorisch gesinnte Prediger den Laien den Abendmahlskelch reichten.

Seit 1521 traten Priester in den Ehestand, bekannten sich also zu ihrer Sexualität, legalisierten ihre Konkubinate und brachen dadurch offen mit dem kirchenrechtlich gebotenen Zölibat. Erste Mönche verließen bald nach dem Erscheinen von Luthers Schrift über die Mönchsgelübde (*De votis monasticis*, 1521) ihre Klöster. Zu all den genannten Vorgängen erschienen Flugschriften, die die Kunde von den Verstößen gegen das Kirchenrecht und den kleineren und größeren Aufständen gegen das kirchliche Ancien Régime verbreiteten und andernorts zur Nachfolge anstifteten. Der Buchdruck schuf einen kommunikativen Zusammenhang zwischen weit entfernten Orten; die reformatorische Bewegung verdankte ihre Entstehung und Entwicklung wesentlich den Möglichkeiten der modernen Informationstechnologie.

Im städtischen Kontext reagierten die kommunalen und

kirchlichen Behörden in der Regel zügig auf die reformatorischen Impulse. Die zuständigen Instanzen der bischöflichen Gerichtsbarkeit verurteilten die Rechtsbrüche. Der Bischof von Konstanz etwa, zu dessen Diözese Zürich gehörte, leitete umgehend Maßnahmen ein, um die Fastenbrecher zu bestrafen. Doch der Zürcher Rat, beraten von dem vor Ort allseits geschätzten Zwingli, stellte sich vor die Delinquenten und leitete ein bald vielfach nachgeahmtes Verfahren ein: In einer öffentlichen Disputation, zu der im Januar 1523 geladen wurde, sollte festgestellt werden, ob Zwinglis Kritik an den Speisevorschriften nach Maßgabe der Heiligen Schrift zutreffe oder nicht; die Entscheidung über diese zentrale theologische und kirchenrechtliche Frage behielt sich der Rat der Stadt vor – ein fundamentaler Bruch mit dem Entscheidungsgefüge der Bischofskirche.

Die bald nach dieser ersten und einer weiteren Zürcher Disputation im Oktober des Jahres 1523 eingeleiteten reformatorischen Maßnahmen waren charakteristisch für die städtischen Reformationsprozesse im Ganzen. Der Rat beauftragte Geistliche seines Vertrauens mit der Verkündigung der evangelischen Lehre in der Stadt und in dem zu Zürich gehörenden Landgebiet; man ordnete Veränderungen der kirchlichen Liturgie an – insbesondere die Einführung des Abendmahls unter beiderlei Gestalt, eine deutsche Tauffeier, einen volkssprachlichen Gottesdienst; man verfügte die Entfernung von Bildern aus den Kirchen, entmachtete die geistliche Gerichtsbarkeit und schuf eine Behörde, die wesentliche Aufgaben derselben übernahm: das Zürcher Ehegericht; man betrieb die Auflösung der Klöster, deren Besitztümer man der kommunalen Kontrolle unterstellte; man verbot den ›altgläubigen‹ Kult, vor allem die Messe.

In vielen Fällen gingen diese oder ähnliche Veränderungen in den Städten ungemein zügig voran. An die Inaugurationsprozesse, in denen sich die reformatorischen Bewegungen in den jeweiligen Städten bildeten, schlossen sich häufig Konfrontationen zwischen Vertretern der ›alten‹ und der ›neuen‹ Lehre an, die in Regulations- und Moderationsphasen übergingen. Unter Aufnahme erprobter Strategien des innerstädtischen Konfliktmanagements veranlassten die Magistrate, dass sich Bürgerausschüsse bildeten oder neue Personengruppen den Ratsgremien beitraten, die Szenarien entwarfen, nach denen der reformatorische Veränderungswille kanalisiert werden konnte. In den Institutionalisierungsphasen der städtischen Reformationen wurden Kirchenordnungen eingeführt, die die Grundlinien der evangelischen Lehre, die Formen des Gottesdienstes in der Volkssprache, die künftige Nutzung überflüssig gewordener geistlicher Institutionen und die Neuordnung bisheriger kirchlicher Einrichtungen des Bildungswesens und der Sozialfürsorge definierten. Gelegentlich, vor allem in patrizisch dominierten Städten, waren die Reformationsbewegungen auch mit zeitweilig erfolgreichen Versuchen verbunden, bisher unterrepräsentierten Bevölkerungsgruppen Möglichkeiten der Partizipation am städtischen Regiment zu verschaffen. Aufs Ganze gesehen reagierten die Inhaber der städtischen Herrschaft auf die reformatorischen Herausforderungen flexibel; zu grundlegenden und dauerhaften Veränderungen der Machtverhältnisse und der politischen Strukturen in den deutschen Städten ist es infolge der Reformation nirgends gekommen.

In den Städten setzten die Reformationsprozesse bereits in den frühen 1520er Jahren ein; die reichspolitischen Rahmenbedingungen begünstigten diese durchaus. In einem verbindlichen Beschluss, einem ›Abschied‹, des zweiten Nürnberger Reformationsreichstages (1. Dezember 1523) war formuliert worden, dass allein das heilige Evangelium, wie es von der christlichen Kirche approbiert und angenommen worden sei, verkündigt werden solle. Einige städtische Magistrate sahen darin eine Lizenz für die Zulassung der reformatorischen Predigt; in Städten wie Nürnberg, Magdeburg oder Straßburg waren seit 1524/25 evangelische Gemeindeordnungen eingeführt worden. Auf dem ersten Speyrer Reichstag von 1526 erklärten einige Städte, dass es ihnen unmöglich sei, das Wormser Edikt durchzuführen; abgeschaffte gottesdienstliche Formen, die im Widerspruch zum Wort Gottes stünden, könne man unmöglich wiederherstellen. In dem Abschied erklärten die Reichsstände, dass sie bis zu einem General- oder Nationalkonzil mit dem Wormser Edikt verfahren wollten, wie sie es jeweils gegenüber Gott und dem Kaiser verantworten könnten. Die der Reformation zuneigenden Städte und Territorien sahen in dieser Wendung eine *carte blanche* für die Einführung der Reformation.

Auch die Reformationsprozesse in den Territorien knüpften an ältere Versuche der weltlichen Herrschaftsträger an, das Kirchenwesen in den Griff bzw. in ihre Gewalt zu bekommen. Manches Fürstengeschlecht hatte lange vor der Reformation die in seinem Gebiet gelegenen hohen geistlichen Würden, die Prälaturen, in das eigene Herrschaftskalkül eingefügt und nachgeborene Söhne und Töchter oder enge Vertraute als Bischöfe, Äbtissinnen und Äbte oder Chorherren installiert. Auch mit den Bettelorden hatten die Landesherren kooperiert; das Ziel einiger Mönche, die Gesellschaft zu christianisieren und auf fromme Weise zu disziplinieren, koinzidierte mit staatlichen Verdichtungsbestrebungen einzelner Fürsten, die sich nicht nur für das Landeswohl, sondern auch für das Seelenheil ihrer Untertanen zuständig fühlten.

Nachdem die reformatorischen Bewegungen von den Städten aus auf die mit ihnen durch Handel und Märkte mannigfach verbundenen Landgebiete überzugreifen begannen, leiteten evangelisch gesinnte Fürsten Maßnahmen zu einer territorialen Reformation ein. Dabei bedienten sie sich in der Regel Geistlicher und Juristen ihres Vertrauens; insbesondere Professoren, die an den jeweiligen Landesuniversitäten tätig waren, bildeten bei der Etablierung eines evangelischen Kirchenwesens in den Territorien eine wichtige Funktionselite. Entsprechend dem zuerst, seit 1528, in Kursachsen mit Wittenberger Professoren durchgeführten Modell dienten Visitationen und Konsistorien als die wichtigsten Instrumente. Anknüpfend an die mittelalterliche Tradition der bischöflichen Visitationen, zog eine Kommission von Theologen und Juristen im Auftrag des Fürsten von Ort zu Ort und nahm das bestehende Kirchenwesen in Augenschein. Man überprüfte den Lehr- und sittlichen Lebensstand des Pastors, ordnete die Finanzverhältnisse nach dem Modell des »gemeinen Kastens«, eines fortan von Gemeindegliedern verwalteten Zentralbudgets, in dem die verschiedenen Stiftungen und Pfründen zusammengelegt wurden; aus ihm bestritt man die Gehälter für Pfarrer, Küster und Lehrer, aber auch sonstige Ausgaben, etwa für Baumaßnahmen. Man verhörte die Pfarrkinder und gab Anweisungen zu ihrer Unterrichtung; Luthers *Großer*, vor allem auf die Unterweisung der Pfarrer ausgerichteter, und sein *Kleiner*, dem einzelnen Gemeindeglied elementare christliche Orientierung vermittelnder *Katechismus* definierten Gehalt und Anspruchsniveau der reformatorischen Lehre. Die vielerorts schon im Lauf der 1520er Jahre selbstverständlich gewordenen, häufig begeistert aufgenommenen evangelischen Gemeindelieder stellten neben dem Katechismus die einflussreichsten und nachhaltigsten Medien der christlichen Elementarbildung dar.

Die Konsistorien bildeten die wichtigsten rechtlichen Körperschaften des infolge der Reformation entstandenen sogenannten landesherrlichen Kirchenregiments. Diese Gremien bestanden aus Theologen – meist Professoren oder Superintendenten, d. h. geistlichen Aufsehern über eine größere Anzahl an Pfarrbezirken – und Juristen. Sie nahmen Aufgaben wahr, die sich aus der Abschaffung des kanonischen Rechts und daraus ergaben, dass den Bischöfen ihre Befugnisse entzogen bzw. diese von den Landesherren, den ›Notbischöfen‹, okkupiert wurden. Dabei handelte es sich insbesondere um Konflikte im Zusammenhang mit dem Eherecht – vor allem die Bindungskraft von Verlöbnissen, Scheidungen und verbotene Verwandtschaftsgrade betreffend – und um Fragen der kirchlichen Lehre und der Sittenzucht. Die Prozesse der Neuordnung mündeten in territoriale oder städtische Kirchenordnungen ein, Rechtstexte, die zumeist von Theologen verfasst und von den weltlichen Obrigkeiten erlassen und verantwortet wurden. Sie regelten die Form der Lehre und des Kultus, des Schul- und des Sozialwesens und blieben in aller Regel für mehrere Generationen in Kraft.

Neben den Städten und den Fürsten unternahmen noch zwei weitere Sozialgruppen im Reich in den frühen 1520er Jahren den Versuch einer je eigenen Reformation: die Bauern und die Ritter. Die Ritter waren die Ersten, die reformatorische Vorstellungen mit den Mitteln physischer Gewalt umzusetzen versuchten. Der Reichsritter Franz von Sickingen, der sich im Südwesten durch die Fehde ein kleines Herrschaftsgebiet zusammengeraubt hatte, sah in Luthers Programmschrift *An den christlichen Adel* eine willkommene Gelegenheit, sein Treiben mit einer religiösen Legitimation zu verbinden und die durch die Städte einerseits, die Territorialfürsten andererseits gefährdete und in Frage gestellte alte ›Herrlichkeit‹ seines Standes zu restituieren. Der humanistische Dichter Ulrich von Hutten, der den militärischen Kampf gegen die »Pfaffen« propagierte, lieferte ihm die ideologische Unterstützung. Doch im Frühjahr 1523 unterlag Sickingen einer militärischen Koalition dreier Reichsfürsten. Das in seinen Herrschaften in ersten Ansätzen realisierte Modell einer ritterschaftlichen Reformation machte aber trotz seines Scheiterns Schule; vielfach erwiesen sich die kleinen evangelischen Ritterschaften als langfristig stabile Beharrungszentren reformatorischer Identität.

Auch die Reformationsprozesse im bäuerlichen Bereich knüpfen etwa an spätmittelalterliche Versuche an, die Pfarrer selbst zu wählen. Das ländliche Umfeld war vielfach von dem um sich greifenden Vikariatswesen und seinen negativen Folgen besonders betroffen: d. h., Geistliche kumulierten mehrere Pfründen, die sie nicht selber wahrnahmen, sondern durch schlecht ausgebildete und miserabel besoldete Vertreter – die Vikare – versehen ließen. Dem wollten die Bauern entgehen, indem sie ihre Pfarrer selbst wählten. Sodann knüpften sie auf ihre Weise an die reformatorische Freiheitsbotschaft an, wie sie insbesondere Luther in seiner wirkungsreichen Schrift *Von der Freiheit eines Christenmenschen* (1520) propagiert hatte. Sie verbanden ihre Forderungen nach der Befreiung von drückenden Abgabenlasten oder der Leibeigenschaft mit dem reformatorischen Freiheitsevangelium.

Bald nach Beginn der 1520er Jahre hatten sich anonyme reformatorische Publizisten durch die literarische Figur des

Karsthans entschieden auf die Bauern zubewegt; der gewitzte Bauer mit der Handhacke, dem Karst, hatte intuitiv die zentralen Inhalte reformatorischer Theologie erfasst, trat couragiert den eigennützigen und bornierten Klerikern entgegen und warb offensiv für die Sache Luthers. In Gestalt literarischer Entwürfe war es also frühzeitig zu einem Schulterschluss zwischen Bauern, reformatorisch gesinnten Intellektuellen, sogar Rittern, gekommen, die gemeinsam daran arbeiteten, die Herrschaft der Klerisei abzuschütteln.

Seit dem Sommer 1524, ausgehend vom südlichen Schwarzwald, traten dann größere Bauernhaufen in den Aufstand und begannen, sich militärisch zu organisieren. Die revolutionäre Dynamik griff immer weiter um sich; nach und nach waren Bauernhaufen im Südwesten des Reiches, in Tirol, im Elsass, in Franken und Thüringen unter Waffen; sie eroberten Klöster und Schlösser und nötigten die Herrschenden mancherorts zu Ausgleichsverhandlungen. In dem wohl von dem Memminger Kürschnergesellen Sebastian Lotzer verfassten Forderungskatalog der *Zwölf Artikel gemeiner Bauernschaft*, die als eine der erfolgreichsten Flugschriften überhaupt verbreitet wurde, erhielten die Bauernschaften im Reich eine gemeinsame Programmatik.

Der Versuch der Bauern, einen Schulterschluss mit der Reformation herzustellen, kam über punktuelle Erfolge nicht hinaus. Der aus Luthers Schule hervorgegangene apokalyptische Prediger Thomas Müntzer, der nach jeweils kurzen beruflichen Stationen von Mühlhausen in Thüringen aus im Sinne seiner radikalen Theologie auf die Bauern einzuwirken vermochte, provozierte den tiefgreifenden Argwohn Luthers. Fatalerweise sah der Wittenberger Reformator die Bauern allesamt unter dem Einfluss der aufrührerischen Vorstellungen

Titelblatt des *Karsthans* von 1521.

Müntzers und bejahte deshalb die schonungslose Niederschlagung des Aufstands. Im Nachhinein schien es so, als ob Luther die barbarische Siegerjustiz an den Bauern provoziert hatte. Das euphorische Verhältnis des ›gemeinen Mannes‹ zu Luther, dem ›Volkshelden‹, war seit 1525 gebrochen.

Die skizzierten Typen reformatorischer Veränderung in der Stadt, im fürstlichen Territorium und in der niederadligen Herrschaft gab es nicht nur im Reich, sondern auch in jenen europäischen Ländern, in denen die Reformation nennenswerte Erfolge erzielte, aber nicht aufgrund der Entscheidung eines Monarchen durchgesetzt wurde: in Frankreich, den Nie-

Der Bauernkrieg

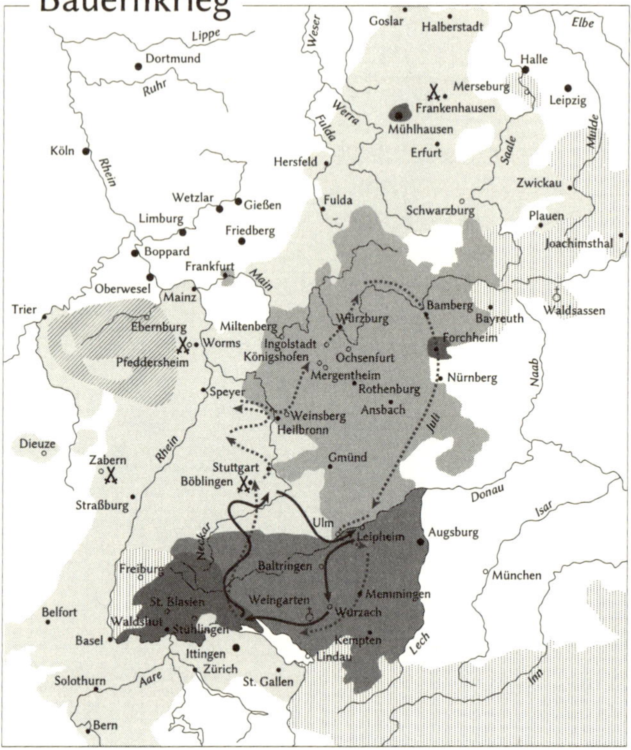

- Gebiet des Ritteraufstandes 1522/23
- Kerngebiet Bauernaufstände 1524
- bis 15. März 1525
- 15. März – 16. April 1525
- 16.– 30. April 1525
- Nach April 1525 erfasste Gebiete
- Gleichzeitige Aufstände in Städten
- 1. Feldzug gegen die Bauern März/April 1525
- 2. Feldzug Mai – Juli 1525
- Wichtige Siege der Fürstenheere über die Bauern

derlanden, Schottland, Böhmen, Ungarn, Polen und den baltischen Ländern. Bei den Reformationen in Dänemark (mit Norwegen und Island) und Schweden (mit Finnland) hingegen wurden die Ansätze städtischer oder adelsherrschaftlicher Reformation in den königlichen Umformungsprozess integriert. Bei dem Aufbau evangelischer Kirchentümer in den skandinavischen Königreichen Dänemark (1536) und Schweden (seit 1523) folgte Ersteres weitgehend dem Modell der deutschen Fürstenreformationen: Der dänische König berief Reformationsexperten, die Kirchenordnungen verfassten, Superintendenten einsetzten, die Universität Kopenhagen für ihre neue Aufgabe umgestalteten und gewährleisteten, dass Predigt und Lehre Standards folgten, die an der Wittenberger Theologie orientiert waren. In Schweden war die Trennung der Kirche von Rom ein Teil des politischen Emanzipationsprozesses des neu gewählten Königs Gustav Wasa. In dem sich von Dänemark ablösenden Reich verfügte er fortan über das Kirchengut; der innere Aufbau eines evangelischen Kirchenwesens zog sich hingegen etwa ein Dreivierteljahrhundert hin. Da die bestehende römische Kirchenorganisation in einem einzigen Akt in eine schwedische Staatskirche überführt wurde, blieben Verfassungselemente wie die Metropoliten (Erzbischöfe) und die Bischöfe erhalten; bei der Königsreformation in England war das ähnlich.

Freilich folgte die englische Reformation einer eigenen Dynamik: Als das Parlament Heinrich VIII. 1534 qua Gesetz zum obersten Haupt der Kirche von England erklärte, geschah dies nicht aus irgendeiner Neigung zur Ketzerlehre Luthers heraus. Anhänger der bis dato verfolgten Reformation beschränkten sich in England auf kleine akademische Zirkel. Der monarchische Entscheidungsakt zugunsten der Loslösung der engli-

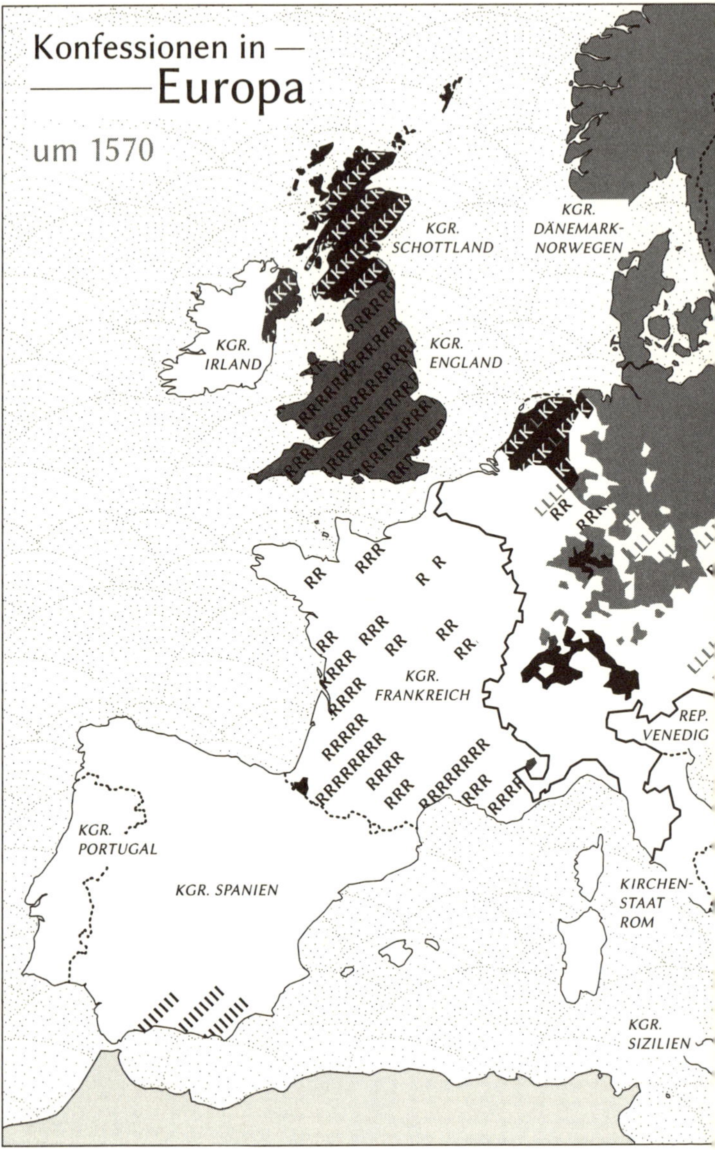
Konfessionen in Europa
um 1570
KGR. SCHOTTLAND
KGR. DÄNEMARK-NORWEGEN
KGR. IRLAND
KGR. ENGLAND
KGR. FRANKREICH
REP. VENEDIG
KGR. PORTUGAL
KGR. SPANIEN
KIRCHENSTAAT ROM
KGR. SIZILIEN

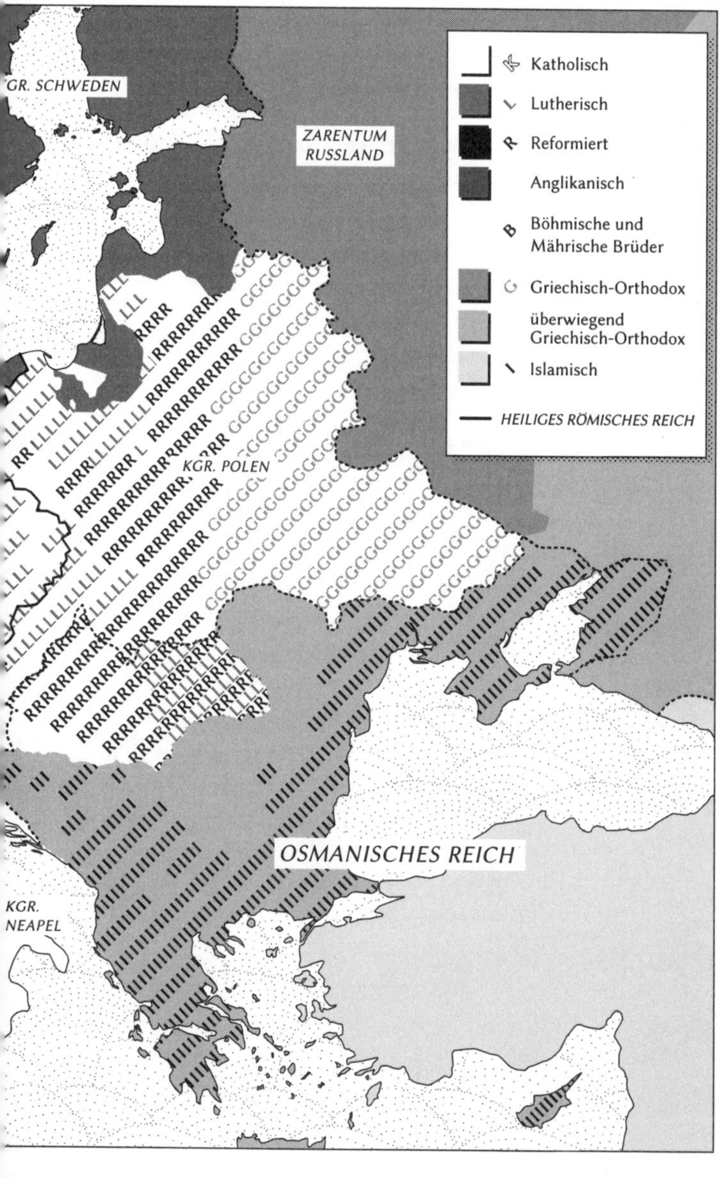
Katholisch
Lutherisch
Reformiert
Anglikanisch
Böhmische und Mährische Brüder
Griechisch-Orthodox
überwiegend Griechisch-Orthodox
Islamisch
HEILIGES RÖMISCHES REICH
GR. SCHWEDEN
ZARENTUM RUSSLAND
KGR. POLEN
OSMANISCHES REICH
KGR. NEAPEL

schen Kirche von Rom war das Ergebnis eines Dilemmas: Der Papst hatte sich geweigert, Heinrichs Ehe mit Katharina von Aragon, der Witwe seines Bruders, einer Tante Karls V., zu scheiden. Heinrich sah darin, dass ihm ein männlicher Thronfolger versagt worden war, eine Strafe Gottes für die nach biblischen Vorgaben illegitime Ehe mit seiner Schwägerin.

Außer der Enteignung von Klostergut zugunsten der Krone und des Adels, die herrschaftsstrategisch kalkuliert vonstattenging, hatte die Entscheidung von 1534 zunächst keine weiteren Folgen. Wesentliche Objekte reformatorischer Kritik, etwa das Messopfer, die Wandlungslehre (Transsubstantiation) beim Abendmahl oder die Pflichtbeichte, blieben in der Regierungszeit Heinrichs VIII. erhalten. Erst unter seinem protestantisch erzogenen Sohn Edward VI., der in kindlichem Alter, 10-jährig, die Herrschaft antrat (1547), setzte eine theologisch reflektierte und praktisch konsequente reformatorische Umgestaltung der englischen Staatskirche ein. Unter seiner Halbschwester Maria Tudor (1553–58), die sich erneut an der katholischen Führungsmacht der Zeit, Spanien, orientierte und Philipp II., den Sohn Karls V., heiratete, wurde die edwardianische Reformation vollständig und gewaltsam rückgängig gemacht; erst in der langen Regierungszeit Elisabeths (1558–1603), in der England zur Weltmacht aufstieg, siegte der Protestantismus in seiner anglikanischen Gestalt, d. h. als Staatskirche mit einem weitgehend katholischen Kult und einer reformierten, insbesondere an Martin Bucer und Johannes Calvin, den Reformatoren Straßburgs und Genfs, orientierten Lehrart.

Lutheraner, Reformierte, Täufer, Spiritualisten – die theologische Vielfalt der Reformation

Hinsichtlich der theologischen Lehre stellte sich ›die‹ Reformation schon seit Beginn der 1520er Jahre nicht mehr als Einheit dar. Der heute weithin gebräuchliche Begriff des Protestantismus zur Bezeichnung all der vielfältigen religiösen und institutionellen Erscheinungen, die mittel- oder unmittelbar aus der Reformation hervorgegangen sind, ist erst neueren Datums (s. S. 92 ff.). Die tiefgreifenden Lehrkonflikte ließen es im 16. und 17. Jahrhundert nicht zu, die reformatorischen Richtungen unter einen gemeinsamen Begriff zu fassen.

Die ersten theologischen Differenzen im reformatorischen Lager traten zwischen den beiden Wittenberger Kollegen Karlstadt und Luther auf. In der Zeit von Luthers Wartburgaufenthalt verstärkten sie sich dramatisch. Karlstadt setzte auf einen von der Gemeinde verantworteten, ›kommunalistischen‹ Reformationskurs, Luther sah in der landesherrlichen Obrigkeit den einzig legitimen Akteur kirchlicher Veränderung. Karlstadt trat in der Zeit von Luthers Abwesenheit, als er an die Spitze der reformatorischen Entwicklung in Wittenberg rückte, dafür ein, Missstände, die man als mit der Heiligen Schrift unvereinbar erkannt hatte – die Opfermesse, die Bilder, der

Empfang des Abendmahls unter nur einer Gestalt u. a. – umgehend abzuschaffen. Luther hingegen sah darin eine Vergewaltigung der ›Schwachen‹ und propagierte ein maßvolles und tastendes Vorgehen. Bald traten weitere Differenzen hinzu: Karlstadt bestritt, dass der natürliche Leib Christi im Abendmahl anwesend sein und gegessen werden könne, und deutete den Ritus als Erinnerungs- und Bekenntnisfeier der Gemeinde. Luther hingegen insistierte auf dem Wortlaut der Einsetzungsformel »Das ist mein Leib« und warf Karlstadt und denen, die ihm bald folgten, vor, das äußere Schriftwort zu entwerten. Auch in Bezug auf die Taufe dürfte Karlstadt der Erste gewesen sein, der die Säuglingstaufe vom Neuen Testament her in Frage stellte. Müntzer, der Karlstadt theologisch nahestand, radikalisierte manche seiner Vorstellungen; im Unterschied zu seinem Lehrer vertrat er die Auffassung, dass es berechtigt sei, zur Durchsetzung gottgewollter Ordnungsvorstellungen physische Gewalt anzuwenden.

Im Herbst 1524, der Zeit seiner Ausweisung aus Kursachsen infolge seines definitiven Bruchs mit Luther, begann Karlstadt seine Bestreitung der leiblichen Präsenzvorstellung Christi im Abendmahl in mehreren Flugschriften öffentlich zu propagieren. Sofort löste er gewaltige Turbulenzen aus. Auch wenn kaum jemand seiner exegetischen Idee folgte, dass Christus auf sich selbst gezeigt und auf seine Kreuzigung verwiesen habe, als er die Einsetzungsworte sprach, traten zahlreiche Theologen Oberdeutschlands und der deutschsprachigen Schweiz für eine symbolische Abendmahlslehre ein: Brot und Wein seien lediglich Zeichen, mit denen Christus die Erinnerung an seine Kreuzigung unter den Menschen erleichtern wollte.

Der innerreformatorische Abendmahlsstreit bildete den Nukleus fundamentaler theologischer Auseinandersetzungen, deren Folge in der Spaltung der reformatorischen Bewegung in zwei Konfessionen bestand: die Lutheraner einerseits, die der Abendmahlsauffassung, der mit dieser engstens zusammenhängenden Lehre von Christus und anderen spezifischen Lehrpositionen des Wittenbergers verpflichtet waren, und die Reformierten um den Zürcher Zwingli, dessen Nachfolger Heinrich Bullinger, den Franzosen Johannes Calvin, Martin Bucer und weitere auf der anderen Seite. Die Reformierten waren sich darin einig, dass die Vorstellung, Christus gebe seinen natürlichen Leib im Abendmahl zur Speise hin, nicht akzeptabel sei, dass Gott als geistige Wirklichkeit zur materiellen Dingwelt Distanz halte und dass Luthers Autorität nicht überbewertet werden dürfe. Außerdem drängten sie stärker als die Lutheraner auf eine sichtbare ›Heiligung‹, d. h. sittliche Vervollkommnung der Gemeinde. In den kirchlichen Organisationsstrukturen des Reformiertentums wirkten kommunalpartizipative Elemente städtischer Gesellschaften, wie sie in der Schweiz, den Niederlanden und in der französischen Untergrundkirche tonangebend waren, nach. Die presbyterialsynodale Kirchenverfassung gewährte kirchlichen Amtsträgern und Laien gleichberechtigte Einflussmöglichkeiten.

Im Lauf der zweiten Hälfte der 1520er Jahre erreichten die Kontroversen zwischen Reformierten und Lutheranern eine kirchentrennende Heftigkeit. Auf dem Augsburger Konfessionsreichstag von 1530, auf dem die Evangelischen vor Kaiser und Reich ihre Lehre darlegen und verantworten sollten, traten Lutheraner und Reformierte mit unterschiedlichen Bekenntnisdokumenten hervor. Das wichtigste evangelische Bekenntnis, die *Confessio Augustana*, die später, seit 1555, jene evangelische Lehre definierte, die reichsrechtlich anerkannt war, stammte von Philipp Melanchthon und galt als ›lutherisch‹. Eine ausdrückliche rechtliche Anerkennung der Reformierten im Reich erfolgte erst nach dem Dreißigjährigen Krieg. Bis dahin waren die beiden Konfessionen in Deutschland in permanente Kontroversen verstrickt. In den übrigen europäischen Ländern war dies weniger der Fall, und zwar vor allem deshalb, weil die eine oder die andere der beiden evangelischen Konfessionen dominierte. In den Niederlanden, der Schweiz, Schottland und Frankreich war dies die reformierte, in den baltischen Ländern und in Skandinavien die lutherische; in Polen, Böhmen und Ungarn aber waren beide etwa gleich schwach, was Formen des friedlicheren Miteinanders begünstigte.

Luthertum und Reformiertentum war gemeinsam, dass sie sich als Kirche organisierten; die anstaltliche Grundstruktur teilten sie mit dem römischen Katholizismus. Potentiell war jedes Mitglied eines politischen Gemeinwesens, in dem das lutherische oder das reformierte Christentum galt, qua Taufe Gemeindeglied. In Zwickauer Laienkreisen, die Thomas Müntzer enger verbunden waren, und im Umkreis der Anhänger Zwinglis meldeten sich erste Kritiker der Säuglingstaufe; Luther und sein Zürcher Kollege hatten die Taufe der Säuglinge verteidigt. Die Argumente gegen diese traditionelle Praxis waren vielfältiger Art; zum einen schien die biblische Überlieferung, die Glaube und Taufe in einem engen Zusammenhang sah, ein mündiges, entscheidungsfähiges Alter des Täuflings vorauszusetzen. Zum anderen widersprach eine auf Anordnung der weltlichen Obrigkeiten praktizierte Säuglingstaufe der Freiheit der Kirche.

Aufgrund des Widerstandes, der den Kritikern der Säuglingstaufe von Seiten der etablierten Reformatoren entgegenschlug, mussten sie ihre Ansprüche, die Allgemeinheit der

Christen zu erreichen, einschränken. Faktisch entwickelte sich das Täufertum in kleinen Bekenntnisgemeinschaften, denen man aufgrund eines eigenen Entschlusses angehörte. Lediglich die von Balthasar Hubmaier, einem gelehrten Theologen, der sich dem Täufertum angeschlossen hatte, zunächst in Waldshut, dann im böhmischen Nikolsburg durchgeführten städtischen bzw. ritterschaftlichen täuferischen Reformationsprozesse sowie das sogenannte Täuferreich von Münster, als 1534/35 eine ganze Stadt in Erwartung der baldigen Wiederkunft Christi eine ideale, heilige Ordnung aufrichtete, fallen aus dem ansonsten prägenden Muster der täuferischen Freiwilligkeitsgemeinschaft heraus.

In ihren langlebigen Ausprägungen – bei den Schweizer Brüdern, den Hutterern, den Mennoniten – basierte die Mitgliedschaft in den täuferischen Gemeinschaften auf einer in der Regel mit der Taufe verbundenen persönlichen Entscheidung. In einzelnen Phasen der Geschichte des Täufertums konnte allerdings der äußere Taufritus in den Hintergrund treten. Die Erwachsenentaufe war durch Reichsrecht mit der Todesstrafe belegt. Besonders nach dem Bauernkrieg erfreute sich ein radikal-apokalyptisches Täufertum, das in der Nachfolge Müntzers stand und von dessen Schüler Hans Hut geprägt war, einer größeren Anziehungskraft. Man rechnete damit, dass das Osmanische Reich ein Teil der Heilspläne Gottes sei; am Ende der Tage aber werde sich der Türke zu Christus bekehren. Den weltlichen Obrigkeiten galt diese Spielart des Täufertum als brandgefährlicher Aufruhr.

Ein gemeinsames Merkmal der sich gegen Luthertum und Reformiertentum richtenden ›Radikalen‹, so eine – freilich unscharfe – Sammelbezeichnung der binnenreformatorischen Dissenter, bestand darin, dass sie auf einen engen Zusammenhang zwischen Lehre und Leben drängten. Sie warfen den Reformationskirchen vor, dass aus der Verkündigung der Rechtfertigung keine sittlichen Konsequenzen folgten und dort, wo die Reformation siegreich war, keine besseren Menschen hervortraten. Ein weiterer Kritikpunkt betraf die neue Rolle der evangelischen Geistlichkeit; man kritisierte sie als Schriftgelehrte, die die eben erst überwundene Spaltung der Gemeinde in Klerus und Laien erneuerten. Gegenüber dem reformatorischen Schriftprinzip, das auf der Geltung des äußeren – geschriebenen, gepredigten oder gelesenen – Wortes basierte, wurde es unter den Radikalen üblich, einen unmittelbaren Weg zu Gott vermittels des Geistes in Anspruch zu nehmen. Dieser als Spiritualismus bezeichneten Position wohnte ein egalitärer Zug inne, denn auch der ›ungebildete‹, gar nicht-lesekundige Laie konnte kraft des Geistes an wahrer theologischer Erkenntnis teilhaben. Bei einzelnen Radikalen – Müntzer etwa, Hans Hut, auch Hans Denck – zeichnete sich eine religionsphilosophische Position ab, die selbst Heiden einen Zugang zur Heilserkenntnis, zum ›Evangelium aller Kreatur‹, zuerkannte.

Unter den Radikalen im Reich hörte man vereinzelt Stimmen, die die altkirchlichen Dogmen der in drei Personen unterschiedenen göttlichen Trinität und der in zwei Naturen existierenden einen Person des Gottmenschen Christus – Lehrentscheidungen von Nicäa und Konstantinopel in den Jahren 325 und 381 und von Chalcedon 451 – in Frage zu stellen begannen. Ein Motiv des Widerspruchs gegen die Dogmen war biblizistischer Art; der schlichte Jesus der Evangelien schien mit ihnen unvereinbar. Ein anderer Einwand hatte eher ethische Gründe: ein gottmenschlicher Christus taugte als Ur- und Vorbild der Nachfolge nicht. Einige gelehrte Einzelgänger, die zeitweilig in der Humanistenstadt Basel unterkamen – der gebürtige Spanier Michel Servet, die Italiener Fausto und Lelio Sozzini –, arbeiteten grundlegende Kritiken an den altkirchlichen Dogmen aus. Die Vertreter der reformatorischen Konfessionskirchen sahen darin, in Übereinstimmung mit dem geltenden Reichsrecht, ein todeswürdiges Vergehen. Auch in Bezug auf die dogmatische Tradition der alten Kirche waren Lutheraner und Reformierte Erben des lateineuropäischen Katholizismus.

Konsolidierung und Erneuerung des römischen Katholizismus

Die Papstkirche geriet durch die Herausforderungen der Reformation in einen Prozess beschleunigten Wandels. Gegenüber der inneren Vielfalt, die dem spätmittelalterlichen lateineuropäischen Christentum zu eigen gewesen war, bedeutete die nun einsetzende Entwicklung eine gewisse Vereinheitlichung und Verengung; auch die katholische wurde zu einer Konfessionskirche im Sinne eines nach Lehre, Kult und Organisationsgestalt relativ homogenen Gebildes. Neben der Kontinuität, in der der römische Katholizismus mit der lateinischen Kirche des Mittelalters stand, prägten ihn fortan dogmatische und disziplinarische Neuerungen, die von dem Konzil von Trient (1545/46–63) ausgingen. Der neuzeitliche römische Katholizismus ist wurzelhaft tridentinisch.

Ein Konzil als Weg zur Beseitigung der Missstände in der Kirche stand seit Beginn der Auseinandersetzungen um Luther im Raum. Auch die ›Evangelischen‹ forderten es, stellten sich darunter allerdings eine ›christliche‹, d. h. eine allein nach Maßgabe des Schriftprinzips urteilende, und eine ›freie‹, ergebnisoffene und nicht vom Papst dominierte Kirchenversammlung vor. Seitens der Kurie fürchtete man ein Wiedererstarken des Konziliarismus. Der Kaiser zielte auf ein Konzil, auf das ihm Einfluss auszuüben möglich war und das die Reformfragen vor den dogmatischen behandelte. Diese unterschiedlichen Interessen blockierten jede Konzilsinitiative. Das am Ende zustande gekommene, in drei Verhandlungsperioden (1545–47; 1551–52; 1562–63) tagende Konzil von Trient entsprach den römischen Vorstellungen; es stand unter der Autorität des Papstes, folgte dessen Agenda und wirkte nicht auf eine Reintegration der protestantischen Ketzer, sondern auf die Konsolidierung der katholischen Kirche hin.

Die erste Tagungsperiode stand ganz im Zeichen wegweisender, im Kern antireformatorischer Lehrentscheidungen. Für die weitere Geschichte des römischen Katholizismus prägende Klärungen betrafen das Verhältnis von Schrift und Tradition: gegen das Prinzip ›allein die Schrift‹ wurden die geschriebenen und die von der Hierarchie anerkannten ungeschriebenen Traditionen als prinzipiell gleichwertig behandelt. Überdies definierte das Konzil den genauen Umfang des biblischen Kanons und stellte den normativen Vorrang der lateinischen Version, der *Vulgata*, fest. In dem Dekret über die Rechtfertigung erkannte das Konzil den menschlichen Werken neben der Gnade eine unverzichtbare Bedeutung zu. Der reformatorische Angriff auf die Sakralinstitution, der sich in der Zentralstellung des Glaubens verdichtete, wurde dadurch abgewehrt, dass die bleibende Bindung an die heilsvermittelnden Sakramente akzentuiert wurde. Die gegenüber der radikalen Lutherschen Sündenlehre, die den Menschen in offener Feindschaft gegen Gott sah, abgeschwächte tridentinische Konzeption der menschlichen Fehlbarkeit verstand die Sakramente als wirksame Mittel, um die Sünde niederzuhalten. Beim Abendmahl wurde die Wandlungslehre (Transsubstan-

Pasquale Cati da Jesi: *Sitzung des Konzils von Trient.* Gemälde, (Santa Maria in Trastevere, Rom, 1588).

tiation) und der Entzug des Laienkelchs bekräftigt und die Opfervorstellung betont; die von der Reformation abgeschafften Sakramente wurden als solche restituiert. Die hierarchische Heilsanstalt wirkte vor allem als Sakramentsspenderin.

In Fragen der Frömmigkeit und der Organisation lassen sich echte Reformansätze erkennen. In Bezug auf die Bilder-, Reliquien- und Heiligenverehrung wurde Mäßigung propagiert; den Ablass bestätigte das Konzil, befreite ihn aber von seinen fiskalischen Missbräuchen. Die Kumulation mehrerer Pfründen galt nunmehr als unstatthaft; die Bischöfe hatten in ihren Diözesen zu residieren. Priesterseminare sollten den Bildungsstand der Kleriker heben. Durch eine päpstliche Bulle wurden die Beschlüsse des Konzils in Geltung gesetzt. Ihre Umsetzung hing entscheidend von der Bereitschaft der Bischöfe und der weltlichen Obrigkeiten in den katholischen Ländern ab; in einigen Gebieten zog sich die ›Tridentinisation‹ des römischen Katholizismus bis ins 18. Jahrhundert hin. In den außereuropäischen Gebieten des global operierenden römischen Katholizismus, in denen keine ›mittelalterlichen‹ Strukturen und Mentalitäten zu überwinden waren, gelang dies in der Regel ungleich zügiger.

Im Nachgang des Konzils wurde ein Konfessionseid eingeführt, die *Professio fidei Tridentina*, der für alle kirchlichen Würdenträger verbindlich war. Er sah die Einhaltung der Konzilsbeschlüsse und den Gehorsam gegenüber dem römischen Papst vor. Als durchaus ›modernes‹ Disziplinierungsinstrument hatte die *Professio* eine gewisse Parallele in den Bekenntnisverpflichtungen protestantischer Pfarrer, Universitätslehrer oder Staatsdiener, die durch Unterschrift zu bekunden hatten, dass sie der geltenden Lehrnorm folgten oder – so in England – der Königin loyal ergeben waren. Durch verbindliche Lehr-, Gebets- und Messbücher, einen *Index der verbotenen Bücher* und Neuausgaben des kanonischen Rechts und der *Vulgata* setzte die Papstkirche weitere normative Regelwerke in Geltung. Der tridentinisch modernisierte Katholizismus hatte gegenüber der Kirche, gegen die die Reformatoren aufgestanden waren, einen Normierungsschub vollzogen.

Dieser speiste sich einerseits aus einer reichen lateineuropäischen Tradition, andererseits aus der Abwehr der Reformation; er war zugleich katholische Reform und Gegenreformation.

Wie in älteren Phasen der lateinischen Kirchengeschichte seit der Spätantike kam auch bei der Erneuerung des römischen Katholizismus im 16. und 17. Jahrhundert dem Ordenswesen eine besondere Bedeutung zu. Schon bei den Beratungen des Trienter Konzils hatten Ordenstheologen eine maßgebliche Rolle gespielt. Durch Neugründungen entstanden dem Papsttum nun loyale Helfer, die in ihrer Treue zum ›Stellvertreter Christi auf Erden‹ alles Bisherige in den Schatten stellten. Die bedeutendste und wirkungsreichste monastische Neubildung war der Jesuitenorden (*Societas Jesu*). Ihr Gründer war ein spanischer Edelmann, Ignatius von Loyola, der in einem zähen, schmerzhaften Läuterungs- und Bekehrungsprozess zum Christusdienst in der Welt gelangt war. Der Verzicht auf die Klausur und einen Ordenskonvent, das Leben in der Welt wurde zu einem entscheidenden Wesenszug der jesuitischen Brüder. In Paris, wo Ignatius Theologie studierte, schlossen sich ihm sechs Genossen an; in Venedig erhielt die Gruppe, die nach Jerusalem reisen, dort in Armut leben und Menschen für Christus gewinnen wollte, 1537 die Priesterweihe. Drei Jahre später erlangte sie die päpstliche Anerkennung als »Gesellschaft Jesu«.

Die Jesuiten entwickelten ein spezifisches Treueverhältnis zum Papst. Was immer der Stellvertreter Christi zur Ausbreitung des Glaubens und zur Rettung der Seelen veranlasste, war ihnen heiligste Pflicht. Dank ihrer Mobilität ließen sie sich global einsetzen; die zentralistische Leitungsstruktur mit dem papstnah agierenden Ordensgeneral in Rom gewährleistete es, dass hier Informationen aus allen Weltengegenden zusammenliefen und zu Handlungsstrategien verdichtet werden konnten. Unter Franz Xavier, einem der frühesten Vertrauten des Ignatius, drang die Jesuitenmission weit nach Asien (Japan, China) vor. Auch an der Mission in Lateinamerika waren Jesuiten führend beteiligt. In Europa entfalteten sie gewaltige Wirkung durch den Aufbau anspruchsvoller Bildungsinstitutionen. Die Jesuitengymnasien machten den protestantischen Bildungseinrichtungen Konkurrenz; auch an den Universitäten erlangten die agilen, disziplinierten, weltgewandten und zugleich anspruchslosen Akteure rasch einen überragenden Einfluss. Der Weg über die Institutionen der höheren Bildung eröffnete den Jesuiten einen einzigartigen Zugang zu den politischen Eliten; bald fand man sie als Beichtväter und politische Berater an zahlreichen europäischen Fürstenhöfen. Auch in protestantischen Ländern waren sie heimlich als Konfessionsagenten tätig. Die ›schwarze Legende‹, die in protestantischen Milieus – aber keineswegs nur hier – über die Jesuiten entstand, entsprach elementaren Überwältigungserfahrungen. Nicht zuletzt die Jesuiten erschütterten die durch einschlägige Prophezeiungen des Wittenberger Reformators genährte Gewissheit der Lutheraner, dass das Papsttum zusammenbrechen werde. Die protestantische Fixierung auf die Jesuiten trug entscheidend dazu bei, dass die sonstigen Neubildungen innerhalb des männlichen Ordenswesens kaum wahrgenommen wurden: die sich vor allem der Armenpflege widmenden Kapuziner; die als regulierte Kleriker im Gemeindepfarramt das tridentinische Reformprogramm forciert umsetzenden Theatiner; die Predigt, Seelsorge und Beichte pflegenden Barnabiten; die die Heidenmission vorantreibenden Lazaristen.

Auch im weiblichen Ordenswesen wuchsen der römischen

Lutherus triumphans. Flugblatt aus Wittenberg, um 1564.

Kirche Reformkräfte zu, die sich vielfach aus den spirituellen Wurzeln mystischer Frömmigkeit des späten Mittelalters speisten. Die spanische Nonne Teresa von Avila initiierte aufgrund mystischer Erlebnisse eine Reform der Karmeliterinnen, die zu neuen Klostergründungen führte und auch auf den männlichen Ordenszweig ausstrahlte. Die von ihr propagierte strenge Klausur nebst regelmäßigen Geißelungen reaktivierte asketische Ideale für den Bedarf des sich erneuernden römischen Katholizismus. Ihr Herzensgebet eröffnete direkte Zugänge zu Gott, die bis zur Vereinigung mit ihm führen konnten. Nachdem die Untersuchung ihrer Rechtgläubigkeit keine Lehrbeanstandung ergab, wuchs ihr Einfluss in der römischen Kirche stetig.

Eine eher nüchterne, bildungsaffine, an den Jesuiten orientierte Frömmigkeit ging von den neuen Orden der Ursulinen und der »Englischen Fräulein« aus, die sich der Erziehung junger Mädchen annahmen. Die seitens der kirchlichen Hierarchie von den Frauenorden zusehends geforderte verschärfte Klausur unterliefen sie; das Bildungsinteresse erforderte schließlich einen Bezug zur Welt. Im Ganzen wurde im tridentinisch-frühneuzeitlichen Katholizismus die vom Protestantismus beseitigte hierarchische Stufung und ständische Trennung zwischen Klerus und Religiosen einerseits, Laien andererseits revitalisiert und in gewissem Sinne verstärkt. Freilich konnten sich die Laien auch der hilfreichen Unterstützung in der Welt wirkender Ordenspersonen, die ihnen Bildung vermittelten, versichern. Mystische Wege zu Gott wurden in klösterlicher Klausur domestiziert. Das durch Priester gespendete sakramentale Heil bildete weiterhin die Mitte des römischen Katholizismus.

Die europäischen Religionskonflikte und ihre unterschiedlichen Lösungen

Religiös motivierte Gewalt trat in der Geschichte des Christentums nicht erst in der Reformationszeit auf. Militärische Übergriffe mit den abweichenden konfessionellen Wahrheitsansprüchen der Gegner zu begründen, kam auch in der Spätantike und im Mittelalter vor. Im Ganzen neu war seit dem 16. Jahrhundert allerdings, dass die konkurrierenden Deutungsgestalten des lateineuropäischen Christentums einander auf Dauer nicht niederzuringen vermochten. Deshalb bildeten sie – nolens volens – je unterschiedliche Formen der Koexistenz aus. Generell aber gilt, dass der Kompromiss nicht als solcher gesucht wurde, sondern das Ergebnis irreversibler Kräfteverhältnisse war.

Die Situation im Reich war durch eine Parität der konfessionellen Machtverteilung geprägt. Auf dem Augsburger Reichstag von 1530 traten die unversöhnlichen Differenzen zwischen dem katholischen und dem in sich gespaltenen evangelischen Lager unübersehbar hervor. Der Kaiser versuchte religionspolitisch zum Wormser Edikt zurückzulenken. Allerdings bedurfte er der Unterstützung der Protestanten bei der Türkenabwehr, so dass auch weiterhin befristete Kompromisslösungen – in der Regel auf wenige Jahre vereinbarte Friedstände – erforderlich waren. Da die von Karl V. lange Zeit erfolglos betriebene Konzilspolitik immer wieder gescheitert war, bemühte dieser sich in den frühen 1540er Jahren darum, durch Religionsgespräche in Worms, Regensburg und Hagenau zu einer religionspolitischen Lösung für das Reich zu gelangen – vergeblich. Im unmittelbaren Nachgang des Augsburger Reichstages hatten die Protestanten begonnen, sich politisch-militärisch zu organisieren. Der Schmalkaldische Bund bot seinen Mitgliedern im Falle konfessionell bedingter Übergriffe Waffenhilfe an. Zeitweilig führte man auch mit auswärtigen Mächten (Dänemark, Frankreich, England) Beitrittsverhandlungen; der hessische Landgraf und der sächsische Kurfürst waren die Hauptleute des Bundes.

Eine entscheidende Veränderung der politischen Gesamtsituation im Reich trat ein, nachdem es Karl V. in der Mitte der 1540er Jahre gelungen war, mit seinem Erzrivalen Franz I. von Frankreich Frieden zu schließen und mit den Osmanen einen Waffenstillstand und mit dem Papst ein Kriegsbündnis einzugehen. Dadurch hatte er erstmals seit den Anfängen der Reformation die Hände frei, um gegen die Protestanten Krieg zu führen. Im sogenannten Schmalkaldischen Krieg (April 1547) schlug er die im gleichnamigen Bund vereinten Protestanten vernichtend. Die beiden Hauptleute des Bundes nahm er für Jahre in Gewahrsam; dem an seiner Seite kämpfenden protestantischen Herzog des albertinischen Sachsen, Moritz, übertrug er die Kurwürde und den Kurkreis Wittenberg, den bisher die Ernestiner, die Landesherren Luthers, der am 18. Februar 1546 verstorben war, innegehabt hatten. Auf dem anschließenden Reichstag in Augsburg setzte Kaiser Karl eine religionspolitische Ordnung durch, die die Protestanten zu einer weitgehenden Rekatholisierung ihrer Kirchentümer in Lehre, Kult und Lebensformen nötigte. Außer dem Abendmahl unter beiderlei Gestalt und der Priesterehe blieben praktisch keine protestantischen Elemente mehr übrig. Diese Ordnung sollte so lange gelten, bis ein Konzil zu einer endgültigen Reform gelangt war; deshalb bürgerte sich die Bezeichnung »Augsburger Interim« (nach lat. *interim*, »zwischen«) ein.

Mancherorts, vor allem aber in Nord- und Mitteldeutschland, formierte sich Widerstand gegen die aufoktroyierte Religionsform des Kaisers. Im albertinischen Sachsen wurde eine abgemilderte Variante des kaiserlichen Mandats in Geltung gesetzt, für die die polemische Benennung »Leipziger Interim« aufkam. Einer ihrer Verfasser war Philipp Melanchthon, nach Luthers Tod der führende evangelische Theologe, der der Universität Wittenberg die Treue gehalten hatte und deshalb in albertinische Dienste gewechselt war. Daraufhin wandten sich einige seiner Schüler gegen ihn. In Magdeburg, das dem Kaiser offen den Widerstand erklärt hatte und der Reichsacht verfallen war, fanden sie Aufnahme. Fortan schrieben Matthias Flacius, Nikolaus Gallus und der alte Lutherfreund und frühere Superintendent der Elbmetropole Nikolaus von Amsdorf hemmungs- und pausenlos gegen Melanchthon und den »Verräter« Moritz von Sachsen, gegen den Kaiser und den antichristlichen Papst, der hinter allem Bösen steckte: ca. 500 Flugschriften in knapp drei Jahren. Der publizistische Streit um das Interim rieb das Luthertum auf; aus ihm folgte eine Reihe anderer Lehrkonflikte – eine lange Sequenz theologischer Scharmützel, die aufs Ganze gesehen erst circa drei Jahrzehnte später, mit dem Abschluss der Konkordienformel, einem theologischen Unionsdokument aus dem Jahr 1577, zu Ende ging.

Nach dem Tod des großen Propheten Doktor Martinus fehlte dessen Autorität. Der Konflikt um das Interim war die erste innerlutherische Richtungsdebatte, an der dies deutlich wurde. Die Magdeburger verstanden sich als genuine Sachwalter des alten Wittenberger Erbes, das sie von Melanchthon und seinen Kollegen verraten sahen. Im Kern ging es um die unaufgebbaren Identitätsmerkmale evangelischen Christentums – den Glauben als Grund der Rechtfertigung; die Bibel als Basis des Kultes und einer christlichen Lebensgestalt; Christus als alleiniges Unterpfand der Seligkeit; die wahre Lehre Luthers als einziges Orientierungsmittel in den Wehen des nahe geglaubten Jüngsten Tages.

Durch einen bemerkenswerten, zunächst lange Zeit verborgenen Schachzug sollte der von den Magdeburgern als »Judas von Meißen« geschmähte Kurfürst Moritz von Sachsen zum Retter des Protestantismus im Reich werden. Im Auftrag des Kaisers – und auf dessen Kosten – hatte er die militärische Aufgabe übernommen, die Reichsacht gegen Magdeburg zu exekutieren und die Stadt durch Belagerung botmäßig zu machen. Doch während der Belagerung fädelte er ein Komplott ein; er verhandelte mit dem französischen König und schmiedete ein Bündnis gegen den Kaiser. In Geheimverhandlungen mit dem Rat der belagerten Stadt einigte man sich auf maßvolle Kapitulationsbedingungen, die den Glaubensstand der entschiedenen Lutheraner wahrten und Moritz' Einfluss in Magdeburg sicherten. Im Frühjahr 1552 begann der sogenannte »Fürstenkrieg« gegen den ahnungslosen Kaiser; dieser musste vor den auch von katholischen Ländern ungehindert in den Süden vorstoßenden Truppen der Fürstenkoalition auf einer Sänfte über den Brenner fliehen – eine Demütigung, von der er sich nicht mehr erholen sollte.

König Ferdinand, der Bruder und prospektive Nachfolger

auf dem Kaiserthron, tat nun, was für Karl nicht in Frage gekommen war: Er verhandelte mit den Protestanten in der Absicht, eine dauerhafte Lösung der Religionsfrage im Reich herbeizuführen. Der Vertrag von Passau vom August 1552 nahm in vorläufiger Form vorweg, was drei Jahre später im sogenannten Augsburger Religionsfrieden (1555) auf Dauer gestellt wurde: ein der Reichsverfassung entsprechendes Friedensreglement. Es bezog sich einerseits auf das Reich als einheitliche Größe und trug andererseits dem Selbstbestimmungsrecht der Stände Rechnung; sodann entsprach es der Kräfteparität der Konfessionsparteien in Deutschland.

Im Einzelnen sah der Augsburger Religionsfriede vor, dass neben der katholischen fortan auch die durch die *Confessio Augustana* definierte evangelische Konfession reichsrechtlich anerkannt werden sollte. Wer über die legitime Herrschaftsgewalt in einem Territorium verfügte, war berechtigt, zwischen beiden Konfessionen zu wählen (*ius reformandi*). Dieses Prinzip, das in der späteren Formel »*Cuius regio, eius religio*« (»Wem das Land gehört, der bestimmt über die Religion«) verdichtet wurde, erkannte den politischen Obrigkeiten eine religiöse Wahlfreiheit zu, die für deren Untertanen bindend war. Aufgrund eines religiös bedingten Emigrationsrechts (*ius emigrandi*), das auch den Verkauf von Eigentum gewährte, bot das Friedensdokument den Untertanen die Möglichkeit, sich dem Religionszwang zu entziehen; es gilt als erstes individuelles Freiheitsrecht der deutschen Rechtsgeschichte. Die evangelischen Territorien wurden von der Geltung des kanonischen Rechts suspendiert; die Säkularisationen geistlicher Güter, die infolge der Einführung der Reformation in großer Zahl durchgeführt worden waren, blieben straffrei. Im Falle des Religionswechsels eines geistlichen Fürsten, insbesondere eines

Bischofs, schrieb das Dokument allerdings vor, dass der katholische Charakter seines Lehens unberührt blieb. Dieser sogenannte Geistliche Vorbehalt (*Reservatum Ecclesiasticum*) verhinderte mit Erfolg, dass die gesamte Reichskirche sukzessive zerfiel; auf Dauer sicherte er den Fortbestand des Katholizismus im Reich.

In der Tradition des lateineuropäischen Christentums setzte der Augsburger Religionsfrieden das Prinzip religiös homogener Gemeinwesen fort. Nur in den paritätischen Reichsstädten Augsburg, Biberach, Dinkelsbühl und Ravensburg, in denen sich bis 1555 beide Konfessionen gehalten hatten, wurden Regelungen verwirklicht, die eine interkonfessionelle Koexistenz ermöglichen sollten, beider Parteien Rechte und Pflichten bis ins Einzelne wahrten, Übergriffe verhinderten und Besitzstände einfroren. Der Preis für den Frieden im Reich bestand freilich in einer Verlagerung der Konflikte, denn innerhalb der einzelnen konfessionell geschlossenen Territorien arbeitete man mit Feuereifer daran, die Wahrheit der eigenen Lehre zu entfalten und gegen die anderen Konfessionen zu polemisieren. Zwischen den Theologen unterschiedlicher Konfession tobte ein unablässiger Streit. Die interkonfessionelle Kontroverstheologie bildete den Grundton des deutschen Religionsfriedens.

In den anderen europäischen Ländern wurden die Religionskonflikte auf anderem Weg gelöst. In den romanischen Ländern, England und den skandinavischen Königreichen herrschten jeweils eindeutige Verhältnisse vor: In Italien, Portugal und Spanien war die protestantische Ketzerei nicht geduldet, sondern wurde mit der Todesstrafe bedroht. Sofern es in diesen Ländern Menschen mit protestantischen Neigungen gab, lebten sie im Verborgenen und im Untergrund; vornehmlich in Gelehrtenmilieus traten sie vereinzelt auf. In England galt die protestantische Königsreligion; Katholiken wurden blutig verfolgt und als Staatsfeinde angesehen. Eine vollständige Beseitigung des Katholizismus gelang aber nicht, vor allem in Kreisen des Landadels vermochte er sich zu halten, und durch heimlich vom Kontinent eingeschleuste Priester blieb er lebendig. In Dänemark galt die Religion der *Confessio Augustana*, die anderen Konfessionen und protestantischen Sekten existierten hier allenfalls klandestin. Doch ähnlich den protestantischen Ständen im Reich wurden in Dänemark keine konfessionsbedingten Todesurteile gegen Katholiken und Reformierte verhängt. Schweden galt zwar offiziell als lutherisch, vollzog aber erst 1593 eine konfessionelle Festlegung auf die *Confessio Augustana*. Dies geschah auf Betreiben des lutherisch gesinnten Adels. Unter dem schwedischen König Sigismund, der in Personalunion Polen regierte, drohte eine Rekatholisierung, der man zuvorkommen wollte. Wenige Jahre später sagte man sich von ihm los und wählte einen Lutheraner, Karl IX., zum schwedischen Monarchen. Fortan verlief die Konfessionsgeschichte Schwedens in eindeutigen Bahnen.

Die massivsten militärischen Auseinandersetzungen um die Religion erlebte und durchlitt im 16. Jahrhundert Frankreich. Zwischen 1562 und 1598 wühlten insgesamt acht Religionskriege das Land auf. Seit der Mitte der 1530er Jahre hatte der französische König dem Protestantismus den Kampf angesagt. Gleichwohl war es den über die französischsprachige Schweiz auf ihr Heimatland einwirkenden Exilfranzosen nach und nach auf heimlichen Wegen gelungen, in städtischem Bürgertum und Adel Rückhalt für das evangelische Bekenntnis zu erwirken. Kolporteure vertrieben in Genf oder Lausanne gedruckte Literatur; Prediger reisten subversiv von Ort zu Ort, schufen Verbindungen und bauten eine Organisation der ›Kirche unter dem Kreuz‹ auf. Guillaume Farel, Jean Calvin, sein späterer Nachfolger Theodor Beza, allesamt Franzosen, korrespondierten unablässig mit den Glaubensbrüdern in ihrer Heimat. 1559 konnte die erste Nationalsynode der französischen Hugenotten – ein Wort, das wohl von *eyguenot*, dem »Eidgenossen«, abgeleitet ist – in St. Germain in Paris zusammentreten; 70 Personen waren anwesend, 40 Gemeinden vertretend. Ein erstes gemeinsames Glaubensbekenntnis, das theologisch von Calvin inspiriert war, wurde verabschiedet. Die presbyterial-synodale Leitungsstruktur der ›Kirche unter dem Kreuz‹ setzte Maßstäbe auch für das Reformiertentum in anderen Ländern.

In den 1550er und 1560er Jahren wuchs der gesellschaftliche Einfluss der Hugenotten in Frankreich stetig. Der protestantische Admiral Graf Gaspar de Coligny versuchte auf den noch jugendlichen König Karl IX. Einfluss zu gewinnen. Dessen Mutter Katharina de Medici hingegen kollaborierte mit dem mächtigen katholischen Fürstengeschlecht der Guise, die enge Verbindungen nach Rom und Spanien unterhielten und den Protestantismus offen bekämpften. Seit 1562 brach ein militärischer Konflikt zwischen den Konfessionsparteien in Frankreich los. Doch ein Jahrzehnt später keimte Hoffnung auf: Der Protestant Heinrich von Navarra heiratete Marguerite de Valois, die Schwester des regierenden Königs Karl IX.; Katharina de Medici hatte die Verbindung eingefädelt. Der gesamte protestantische Adel reiste zu dieser Hochzeit im Sommer 1572 nach Paris. Auf Coligny wurde am 22. August ein Attentat versucht. In der Nacht auf den Bartholomäustag (24. August) schlugen königliche Garden, die sich von Befehlen der Medici geschützt fühlten, los und ermordeten Coligny und weitere führende Protestanten – der Beginn eines Massakers. Die Zahl der Toten soll in Paris bei 3000, in ganz Frankreich bei mehreren zehntausend gelegen haben. Die »Pariser Bluthochzeit« ist als eines der grausamsten Beispiele des dem Zeitalter innewohnenden religiösen Fanatismus in die historische Erinnerung Europas eingegangen.

Zu einer dauerhaften Befriedung des Religionskonfliktes kam es in Frankreich erst unter Heinrich von Navarra, der nach seiner Konversion zum Katholizismus als Heinrich IV. die Reihe der Bourbonen auf dem französischen Thron eröffnete. Das von ihm 1598 in Nantes erlassene Toleranzedikt begründete eine längerfristige Friedensperiode. Es stärkte die Rolle der Krone, der die Protestanten fortan loyal ergeben waren, und es trug zum Aufstieg Frankreichs zur kontinentalen Führungsmacht entscheidend bei. An eindeutig bestimmten Orten sicherte das Toleranzedikt protestantische Gottesdienste, ließ den Bau eigener Gotteshäuser, sogenannter *temples*, und den Erwerb von Friedhöfen zu und gewährte auch den Eintritt von Protestanten in den Staatsdienst. Überdies wurde ihnen auf Zustimmung des Königs die Durchführung von Synoden gestattet. An 150 Orten im Land richtete man militärische Sicherheitsplätze ein, die vor katholischen Übergriffen schützen sollten. Unter dem Schutz der königlichen Gewalt wurde in Frankreich somit zwei konfessionellen Varianten des lateineuropäischen Christentums die Koexistenz innerhalb desselben politischen Gemeinwesens gestattet. Im Unterschied zu der religionsrechtlichen Lösung im Reich, die die konfessionelle Homogenität des jeweiligen Territoriums festschrieb, kehrte sich das Edikt von Nantes von der Vorstellung ab, dass jedes Gemeinwesen einer einheitlichen Religion als Band der Gesellschaft (*vinculum societatis*) bedürfe. Freilich galt dieses Toleranzkonzept nur bis 1685; im Edikt von Fontainebleau hob König Ludwig XIV. es wieder auf. Das absolutistisch erstarkte Königtum bediente sich nunmehr eines pazifizierten und weitgehend domestizierten Katholizismus und drängte Tausende von Hugenotten in die Emigration.

In den Niederlanden stand die Entwicklung des Religionskonflikts in engstem Zusammenhang mit dem Widerstand gegen die spanische Besatzungsmacht. Seit den 1560er Jahren spitzten sich die Konflikte, angefacht durch das Schreckensregiment des Herzogs von Alba, dramatisch zu. Über die südlichen Provinzen drangen calvinistische Einflüsse vor; auch Wilhelm von Oranien, der Statthalter der Provinzen Seeland und Holland, öffnete sich dem reformierten Bekenntnis und führte den Widerstand gegen Spanien an. 1581 sagten sich die nördlichen Provinzen von Spanien los; der Jahrzehnte währende Unabhängigkeitskrieg fand erst mit dem Westfälischen Frieden von 1648 sein definitives Ende. Die calvinistische Öffentlichkeitskirche übte seit dem letzten Drittel des 16. Jahrhunderts einen prägenden Einfluss auf die niederländische Gesellschaft aus. Allerdings wurde Katholiken, Täufern, Lutheranern – häufig Immigranten aus Deutschland – und Juden eine Ausübung ihrer Religion im privaten Rahmen, d. h. ohne öffentliche Symbole wie Glocken oder Türme an ihren Gebäuden, gestattet. Die praktische Toleranz, die in den Niederlanden, der multikonfessionellsten Gesellschaft der Zeit, herrschte, beförderte nicht nur den wirtschaftlichen Erfolg der Seefahrer- und Händlernation, sondern begünstigte auch die Ausbildung politiktheoretischer Konzepte eines friedlichen Zusammenlebens der Verschiedenen in einem republikanischen Gemeinwesen.

Eine eigene Dynamik entfalteten die konfessionellen Ge-

gensätze in Mittelosteuropa. In Polen hatte die Reformation erheblichen Rückhalt im Adel; in ihren jeweiligen Herrschaftsgebieten setzten die Adelsfamilien ihre religiös-konfessionellen Optionen durch. Die starke Stellung des Adels gegenüber der Krone – Polen war ein Wahlkönigtum – gewährleistete Handlungsspielräume, die es in anderen europäischen Ländern so nicht gab. 1570 hatten polnische Magnaten im »Konsens von Sendomir« durchgesetzt, dass sich Lutheraner, Reformierte und Böhmische Brüder (eine aus der Bewegung des Jan Hus hervorgegangene Gruppierung) wechselseitig die Kirchengemeinschaft zuerkannten – ein in der Konfessionsgeschichte des 16. Jahrhunderts einzigartiger Sachverhalt! Drei Jahre später setzte der durch die Bartholomäusnacht alarmierte polnische Adel in der »Warschauer Konföderation« (1573) gegenüber der Krone durch, dass alle Konfessionen einschließlich der Böhmischen Brüder und der antitrinitarischen Sozinianer toleriert werden sollten. Im Zuge der Konsolidierung der polnischen Königsmacht im späteren 16. und frühen 17. Jahrhundert wich freilich die Multikonfessionalität einem jesuitisch geprägten, gegenreformatorischen Katholizismus. Ähnliches lässt sich für die Verhältnisse in Siebenbürgen sagen: Nach der Schlacht von Mohács (1526) waren hier von Habsburg unabhängige ständerepublikanische Verhältnisse entstanden. Im Jahr 1557 schuf der siebenbürgische Landtag ein System, in dem vier christliche Konfessionen anerkannt wurden: das Luthertum, das Reformiertentum, der Katholizismus und der die Trinität ablehnende Unitarismus. Diese Ordnung entsprach der politischen Machtverteilung zwischen Adel und Städten und der konfessionellen Diversität. Sie existierte so lange, bis die habsburgische Herrschaft auch in Ungarn die Gegenreformation durchzusetzen vermochte.

Die skizzierten Beispiele, denen – mit Ausnahme der Niederlande – nur eine ephemere Wirkung beschieden war, bestätigen, dass im Europa des 16. Jahrhunderts ein sehr enger Zusammenhang zwischen Herrschaft und Religionsreglement bestand und dass monokonfessionelle Gesellschaften aufs Ganze gesehen die religionskulturelle Grundsignatur Lateineuropas bis in die Neuzeit bildeten. In der Perspektive der langen Dauer bestand die religiöse Einheitswelt des lateineuropäischen Mittelalters im Modus pluraler Monokonfessionalitäten fort.

Die historische Bedeutung der Reformation

Die Reformation hatte einen tiefgreifenden Einfluss auf die lateineuropäische Geschichte und Anteil an deren globalen Folgen. Mit der Ausbreitung der lateineuropäischen Zivilisation im Zuge der geographischen Entdeckungen, des Welthandels und der kolonialen Expansion kamen die konfessionellen Varianten des lateinischen Christentums auch in Asien, Australien, Afrika und Amerika zur Geltung. Auf den außereuropäischen Aktionsfeldern setzte sich die Konfessionskonkurrenz in direkter oder indirekter Form fort, konnte aber auch Formen der Interaktion und Kooperation annehmen, die in der ›Heimat‹ undenkbar waren. Die globale Ausbreitung der lateineuropäischen Christentumsvarianten ist bis heute ungebrochen.

Alle nicht-katholischen Gestalten des lateinischen Christentums sind in der einen oder anderen Weise Erben der Reformation, d. h., sie stehen in einem historisch-genetischen Zusammenhang mit jenem durch die wechselseitigen Exkommunikationen des Papsttums und Luthers eingetretenen Bruch, der ›papstfreie‹ und vom kanonischen Recht unabhängige ›evangelische‹ Kirchentümer entstehen ließ. Die Organisationsformen der nicht-katholischen Christentumsvarianten sind denkbar vielfältig; sie reichen von aktualistisch-geistgetriebenen Vergemeinschaftungen pfingstlerischer oder quäkerischer Provenienz bis hin zu den episkopalistischen, staatskirchlichen oder staatsanalogen kirchlichen Institutionen in Skandinavien, England und Deutschland.

Die nicht-katholischen Gestalten des lateinischen Christentums werden üblicherweise unter dem Begriff des »Protestantismus« subsummiert. In seiner historischen Ableitung wird er auf jene evangelischen Reichsstände zurückgeführt, die gegen den Beschluss des zweiten Speyrer Reichstages von 1529 und nach einer Phase der Offenheit für eine Rückkehr zum rigiden religionspolitischen Kurs des Kaisers und zum Wormser Edikt ›protestierten‹. Katholische Polemiker gebrauchten den Begriff der »Protestierenden« (*protestantes*) daraufhin zur Bezeichnung dieser Opponenten bzw. der ›Evangelischen‹. Erst im Lauf eines in der zweiten Hälfte des 17. Jahrhunderts dynamisierten Prozesses wurde der Begriff zu einer positiv aufgenommenen Selbstbezeichnung. Dies setzte allerdings voraus, dass die gemeinsame Gegnerschaft der ›Protestanten‹ gegen Papsttum und Katholizismus wichtiger geworden war als die bereits seit den 1520er Jahren eingetretenen innerprotestantischen konfessionellen Differenzen. Eine historisch reflektierte Sprachregelung sollte sich bewusst halten, dass die als kirchentrennend empfundenen konfessionellen Differenzen etwa zwischen Lutheranern und Reformierten im 16. und 17. Jahrhundert in der Regel ähnlich schwer wogen wie die gemeinsame Gegnerschaft gegenüber der Papstkirche.

Seit dem 18. Jahrhundert kam die Tendenz auf, den Protestantismus für grundsätzlich ›moderner‹ zu halten als den Katholizismus. Das dieser Perspektive zugrundeliegende Fortschrittsdenken war dem älteren Protestantismus des konfessionellen Zeitalters fremd. Im Zuge des 19. und 20. Jahrhunderts führte es dazu, gesellschaftlichen, politischen und ökonomischen Entwicklungen, denen man ›modernisierende‹ Wirkungen zuschrieb – demokratisch-partizipativen Entscheidungsprozessen etwa, kapitalistischer Wirtschaftsgesinnung, Individualisierung, Emanzipation durch Bildung, Toleranz, Menschenrechte – eine besondere Nähe zum Protestantismus zuzuerkennen und den Katholizismus als notorisch rückständig einzustufen. Eine definitive Antwort auf die Frage nach der Bedeutung des Protestantismus für die Entstehung der modernen westlichen Zivilisation dürfte problematisch sein; auch eine kausale Ableitung derselben allein aus der Reformation kommt kaum in Betracht. Gleichwohl ist es unabweisbar, einen inneren Zusammenhang zwischen der religionsgeschichtlichen Entwicklung Lateineuropas seit dem 16. Jahrhundert und den Einstellungen und Werten der westlichen Moderne anzunehmen.

Die historisch primären gesellschafts- und mentalitätsgeschichtlichen Folgen der mit der Reformation eingetretenen Pluralisierung des lateinischen Christentums bestanden nicht in der Relativierung, sondern in einer Intensivierung religiöser Bindungen. Den konfessionellen Christentümern des Luthertums, des Reformiertentums und des römischen Katholizismus war gemeinsam, dass sie größte Anstrengungen unternahmen, um ihre Glieder religiös zu unterweisen, sie also zu katechisieren, ihnen einen disziplinierten Lebensstil nahezubringen und sie vor den Versuchungen und Herausforderungen der konfessionellen Konkurrenz zu warnen. Die Pluralisierung des lateinischen Christentums infolge der Reformation, aus der alternative Varianten des Christlichen hervorgingen, hat zunächst primär Intoleranz und eine Kultur der rechtlich fixierten oder mentalen Abgrenzung, schließlich eine Gewaltbereitschaft freigesetzt, die in den Religionskriegen des konfessionellen Zeitalters explodierte. Die wachsende Konfliktdynamik infolge der konfessionellen Pluralisierung hat mittelbar allerdings auch dazu beigetragen, Strategien der Einhegung und der Pazifizierung, der Tolerierung des Unvereinbaren, der Relativierung religiöser Wahrheitsansprüche und des interkonfessionellen Austausches plausibel zu machen und in rechtlichen Formen zu fixieren. Auf dem Boden des lateinischen Christentums gedieh auch die Religionskritik wie nirgendwo sonst.

Die intensivierte Aneignung der konfessionellen Christentumsvarianten durch Katechismen und Predigten, Erbauungs- und Gebetsbücher zeitigte mittelbar fundamentale bildungsgeschichtliche Wirkung. Diese wurden in den protestantischen Territorien und Ländern in ihrer gesellschaftlichen Breite aufs Ganze gesehen früher wirksam als in den katholischen – eine Folge der konsequenten religiösen Aufwertung der Volkssprache und der Eröffnung von Partizipationsmöglichkeiten im Gottesdienst. Denn die Reformation förderte volkssprachliche Bibelübersetzungen und löste damit bei einer Reihe europäischer – später auch außereuropäischer – Sprachen tiefgreifende Entwickungsprozesse aus. In einigen Sprachen gehen die ersten erhaltenen oder gedruckten schriftlichen Dokumente unmittelbar auf die Reformation zurück, im Finnischen etwa, im Kroatischen, Slowenischen, im Prussischen; zumeist handelte es sich dabei um Katechismen, Übersetzungen des Neuen Testaments oder der ganzen Bibel.

Die sprachkultur- und bildungsgeschichtlichen Folgen der Reformation sind immens. Religiös relevante Texte in der eigenen Muttersprache lesen oder sich aneignen zu können –

auch der evangelische Gemeindegesang war ein Attraktionsmoment allererster Güte! – implizierte zugleich, verstehend teilzunehmen. Mit der Reformation ging ein Ausbau des Schulwesens und eine verstärkte Bemühung um die Alphabetisierung der Bevölkerung einher. Da den Vätern und Müttern in der evangelischen Hausgemeinde eine zentrale religiöse Vermittlungsaufgabe zuerkannt wurde, galt es als wünschenswert, ja notwendig, dass sie lesen und schreiben konnten. Die in der Volkssprache gehaltenen evangelischen Predigten eröffneten andere Möglichkeiten des Dabei- und Involviertseins als die Teilnahme an einer lateinischen Messe. Intensivierte Bemühungen um die volkssprachliche Predigt, die Katechese, die religiöse Literaturproduktion auch im katholischen Bereich dokumentieren, dass die konfessionelle Konkurrenz das ›Geschäft‹ belebte und mittelbar die lateineuropäische Zivilisation im Ganzen veränderte.

Dort, wo der Protestantismus die dominierende Konfession wurde, bildete er eine besondere Nähe zur staatlichen Macht aus. Dies ergab sich mit einer gewissen Zwangsläufigkeit daraus, dass die weltlichen Obrigkeiten als ›Notbischöfe‹ oder *supreme heads* an die Spitzen der Kirchentümer getreten waren. Diese notorische Staatsnähe des Protestantismus hat vielfach dazu geführt, dass sich die Religion gegenüber den Erwartungen, die von Seiten der Politik oder der Gesellschaft an sie gestellt wurden, als besonders elastisch, ja opportunistisch erwies. Die Bereitschaft, sich im 19. Jahrhundert unterschiedlichen Nationalismen zu akkomodieren, war ein Moment der ›volkstümlichen‹ Inkulturation, das allen konfessionellen Varianten des lateinischen Christentums, besonders aber dem Luthertum, eigen war. In Kontexten, in denen sich Protestanten in einer minoritären Situation befanden, konnten sie durchaus Potentiale alternativen Denkens gegenwärtig halten; für die protestantischen Sekten, die früher und nachdrücklicher als andere die Grundsätze der allgemeinen Religionsfreiheit, der Toleranz und des Gewaltverzichts propagierten, war dies in starkem Maße der Fall.

In keiner seiner Gestalten verfügte der Protestantismus über eine institutionelle Struktur, die der Hierarchie der römischen Kirche vergleichbar wäre. Keine transterritoriale oder gar transnationale Instanz traf definitive Entscheidungen über strittige Lehrfragen oder legte verbindliche liturgische Formen fest. Hinsichtlich der Lehr- und Ordnungsfragen des verfassten Kirchentums hatte dies eine große Vielfalt zur Folge. Diese war innerhalb einer jeden Konfession hinzunehmen oder sogar als Bereicherung zu werten; reduzierbar aber war sie nicht. Bezüglich der Lösung theologischer Lehrkonflikte bedeutete die polyzentrische Struktur des Protestantismus, dass zwar innerhalb der einzelnen territorialen oder nationalen Kirchentümer Entscheidungen und dogmatische Festsetzungen getroffen werden konnten, der theologische Diskurs im Ganzen aber unabschließbar blieb.

Verketzerungen waren innerhalb der protestantischen Konfessionen in der Regel wirkungslos: Wurde ein umstrittener Theologe aus einem Territorium ausgewiesen, konnte er häufig in einem anderen fortfahren. In Gestalt gedruckter Texte blieben seine Aberrationen ohnehin präsent. Die faktische Pluralität der konfessionellen Theologien, die lehramtlich nicht zu restringieren war, hat Haltungen begünstigt, die individuelle Aneignungen und zeitgemäße Fortbildungen evangelischer Theologie bejahten. Versuche, orthodoxe konfessionelle Lehrgestalten durchzusetzen und zu fixieren, waren sowohl im Luthertum als auch im Reformiertentum nie konkurrenzlos; sie stellten nicht mehr – aber auch nicht weniger – als einen autoritativen Anspruch dar, neben dem sich in der Regel andere Ansprüche geltend machten. Mit Pietismus und Aufklärung wurde der innerprotestantische Theologienpluralismus unübersehbar, irreversibel und nach und nach auch Teil des eigenen Selbstverständnisses.

Wirksame Versuche, durch Zensurmaßnahmen Meinungsbildungen zu beeinflussen, hat es im Protestantismus nicht gegeben. Seit dem 17. Jahrhundert fanden die sich entwickelnden Naturwissenschaften zumeist in den protestantischen Ländern freiere Publikationsmöglichkeiten. Auf die Dauer wirkte dies aber auch auf den Katholizismus zurück. Die psychologischen Wirkungen der kurialen Buchpolitik, insbesondere des *Index der verbotenen Bücher*, waren sicher größer als ihre faktischen Konsequenzen für das Leseverhalten ihrer Glieder. À la longue veränderte die mit dem Printmedium eingetretene kommunikationsgeschichtliche Wende, die der Protestantismus prinzipiell und ohne Einschränkungen bejahte, die lateineuropäische Kultur grundlegend; ›fremdes‹, mit dem Christentum nicht ohne weiteres vereinbares Wissen kam in Umlauf, blieb präsent und fungierte als Quelle alternativer Lebens- und Weltentwürfe. Auch von der je eigenen konfessionellen Doktrin abweichende Vorstellungen und Interpretationen der christlichen Tradition wurden und blieben auf Dauer verfügbar. Chancen und Nötigungen, sich von anderen Denkweisen und geistigen Traditionen anregen, bereichern oder in Frage stellen zu lassen, bildeten seit dem späten 15. Jahrhundert ein die lateineuropäische Christenheit begleitendes Moment; durch die Reformation wurde es forciert und mannigfach gesteigert.

Der Weg zu einem befriedeten Neben- und einem toleranten Miteinander der Konfessionen war im nachreformatorischen Lateineuropa lang. Er wurde einerseits dadurch geprägt, dass staatliches Recht den Konfessionen Grenzen setzte und Regeln des Miteinanders definierte, andererseits dadurch befördert, dass die Konfessionen selbst eigene Wahrheitsansprüche zu relativieren und das hohe Gut einer allgemeinen Religionsfreiheit zu schätzen begannen. Im 17. Jahrhundert fingen einzelne Territorialstaaten in Deutschland an, Migranten fremder Konfessionen aufzunehmen; auch Täufern, die als fleißige Handwerker galten, gewährte man immer häufiger Schutz. Die Erfahrungen zeigten bald, dass ein friedliches Zusammenleben von Menschen unterschiedlicher Konfessionen, also multikonfessionelle Gesellschaften, im Rahmen klarer rechtlicher Regeln funktionierte. Im 18. und 19. Jahrhundert wurde die bürgerliche Gleichstellung der Juden gesellschaftlich durchgesetzt und rechtlich fixiert. Im Lauf des späten 19. und des 20. Jahrhunderts wurde die durch staatliches Recht verbürgte allgemeine Religionsfreiheit ein Grundelement des freiheitlichen Rechtsstaats und der überstaatlichen Grund- und Menschenrechte.

Die Toleranz als Anerkennung der Existenzberechtigung einer anderen Religion war das Ergebnis eines Lernprozesses. In der lateineuropäischen Christentumsgeschichte war dieser durch die Erfahrungen von mannigfachem Leid und abgründiger Gewalt im Namen der Religion geprägt. Die Reformation hat diese Entwicklungen freigesetzt und das Ihre dazu beigetragen, dass ein westlicher Zivilisationstypus entstand, der nicht mehr auf der Vorstellung basierte, dass eine Gesellschaft nur auf der Grundlage einer einheitlichen oder dominierenden Religion bestehe könne. Dieses tolerante, multireligiöse Gesellschaftsmodell hat sich bewährt, steht aber vor weiteren Herausforderungen.

Die Geschichte der Reformation bietet ein Musterbuch der Spannungen, Widersprüche, Evolutionen und Fortschritte der lateineuropäischen Zivilisation auf dem Weg zu toleranten, liberalen Gemeinwesen. Nicht zuletzt um unsere westliche Kultur im Horizont der Globalisierung weiterzuentwickeln, ist die Kenntnis ihrer Anfänge im Zeitalter der Reformation ein Gewinn.

Lektüretipps

Brady, Thomas A.: German Histories in the Age of Reformations, 1400–1650. Cambridge 2009.

– / Oberman, Heiko A. / Tracy, James D. (Hrsg.): Handbook of European History 1400–1600. 2 Bde. Leiden [u. a.] 1994/95.

Greengrass, Mark: Christendom Destroyed. Europe 1517–1648. London 2014.

Hillerbrand, Hans J.: The Division of Christendom. Christianity in the Sixteenth Century. Louisville / London 2007.

Kaufmann, Thomas: Geschichte der Reformation in Deutschland. Berlin 2016. [Erw. Neuausg.]

– Erlöste und Verdammte. Eine Geschichte der Reformation. München 2016.

MacCulloch, Diarmaid: Die Reformation 1490–1700. München 2008. (Engl. Originalausgabe New York / London 2004).

Marshall, Peter: Die Reformation in Europa. Stuttgart 2014.

Pettegree, Andrew (Hrsg.): The Reformation World. London 2000.

Schilling, Heinz: Aufbruch und Krise. Deutschland 1517–1648. Berlin 1988. Sonderausgabe 1994.

– Martin Luther. Rebell in einer Zeit des Umbruchs. München ^{2}2012.

Schindling, Anton / Ziegler, Walter (Hrsg.): Die Territorien des Reichs im Zeitalter der Reformation und der Konfessionalisierung. Land und Konfession 1500–1650. 7 Bde. Münster 1989–97.

Seebaß, Gottfried: Geschichte des Christentums III. Spätmittelalter – Reformation – Konfessionalisierung. Stuttgart 2006.
Venard, Marc (Hrsg.): Die Zeit der Konfessionen (1530–1620/30). Deutsche Ausgabe bearb. und hrsg. von Heribert Smolinsky (Die Geschichte des Christentums, Bd. 8). Freiburg i. Br. [u. a.] 1992.
– (Hrsg.): Von der Reform zur Reformation (1450–1530). Deutsche Ausgabe bearb. und hrsg. von Heribert Smolinsky (Die Geschichte des Christentums, Bd. 7). Freiburg i. Br. [u. a.] 1995.
Vogler, Günter: Europas Aufbruch in die Neuzeit 1550–1650. Stuttgart 2003.